Marco Fratini | Lorenzo Marconi

MUTANDE DI GHISA

Rizzoli

*Le opinioni, le informazioni sui prodotti finanziari
e i commenti ai mercati espressi in questo libro
non rappresentano in alcun modo una raccomandazione
all'acquisto o alla vendita di titoli.
Potete usarli come riflessione per imparare a scegliere ma,
quando scegliete, fatelo con la vostra testa.*

Rizzoli Libri

www.rizzoli.eu
Prima edizione: marzo 2011

ISBN 978-88-17-04732-6

Progetto grafico: Paola Polastri

MUTANDE DI GHISA

A chi si ribella
Marco Fratini

Ai miei genitori
Lorenzo Marconi

SOMMARIO

... con la mia musica
posso condurre con me
oggetti, animali e uomini.
"Il pifferaio magico"

Introduzione

"Non pensare, spendi."
Questa frase straordinariamente semplice, che ci condanna senza lode (e senza lodo) a un destino generazionale da pluriconsumisti compulsivi, è stata pennellata a caratteri cubitali da mano ignota, malandrina ma geniale, sul muro di un palazzo che si affaccia sulla circonvallazione interna tra le Colonne di San Lorenzo e Corso di Porta Ticinese.
Angolo strategico: ci passano migliaia di persone, ma è chiaro che per essere una di loro bisogna trovarsi a Milano.
Il libro che state sfogliando tenterà, quindi, di rimediare a un problema: ogni vostra riflessione sulle prossime pagine sarebbe impossibile se – per motivi puramente geografici – non siete tra quelli che inchiodano al vicino semaforo; se siete tra gli habitué di quel semaforo, ma siete distratti; se non passerete mai da quelle parti a piedi o in bus; infine, se nel frattempo una perentoria sverniciata ha fatto tacere quel muro.
Banche e istituzioni finanziarie (che sulle nostre scelte sbagliate di investimento costruiscono le loro fortune), multinazionali della crema snellente, magnati delle merendine e dei fiocchi d'avena, grandi catene di distribuzione, nani e giganti dell'auto, ambulanti e telepiazziste del manubrio che promette tartarughe al posto di panze molli: tutti desiderano

che il nostro comportamento sia quello dichiarato, provocatoriamente, dal muro.
Il fatto è che abbiamo radicatissime convinzioni errate, che però insistiamo a ritenere corrette: sì, magari ci fanno vivere meglio, ma sono una manna per chi conosce le logiche cognitive del nostro cervello e ne usa il funzionamento a proprio favore, seminando ovunque, e ad arte, trappole sul nostro cammino emotivo.
Sia chiaro: cercare di capire meglio è condizione necessaria, ma non sufficiente, per arrivare al traguardo. Scoprire gli inganni – piccoli e grandi – ai quali è esposta la nostra mente è, perciò, l'obiettivo dichiarato di questo (mutandatissimo) libro, che sogna di farvi riemergere magari feriti, però vivi, dalla quotidiana battaglia con l'irrazionalità canaglia.
Tutti vogliono che compriamo, paghiamo (non necessariamente in contanti, anzi *meglio-se-usi-la-gold*), possibilmente senza fare domande, fidandoci di uno slogan o di un colore, di uno spot affidato al ganzo di turno o a una gnocca spaziale.
Senza pensare, grida quel muro. Oppure pensando, ma nel modo sbagliato come vorrebbero in tanti, che brigano perché non ci facciamo domande, oppure ce le facciamo dandoci, però, le risposte sbagliate.
È scientificamente provato che le emozioni ci fregano perché il cervello le registra per poi offrircele su un piatto d'argento. Così come al contempo è provato, sempre scientificamente, che le minchiate vanno più veloci.
Quindi, avete due opzioni: essere più veloci di loro. Oppure comprarvi un bel paio di mutande di ghisa, come quelle del nostro amico grufolone in copertina.
Che cosa vi attrae di questo libro? Il titolo? Il colore? Il porcellino con la mutanda blindata? Il formato?
Se almeno una di queste cose è all'origine della vostra curiosità,

abbiamo fatto centro: in fondo, non è una scatola di cioccolatini o un detersivo, ma un libro resta pur sempre un prodotto.
Indipendentemente dal fatto che adesso lo compriate oppure no, questo preciso attimo in cui lo soppesate, saggiate, sfogliate è la prova che siete capaci di un *acquisto d'impulso.*
Dovete imparare a guardarvi dagli impulsi.
Però, cominciate dal prossimo...

Le emozioni non sono **né di destra né di sinistra**

Ma, se è per questo, non sono nemmeno razionali o irrazionali.
Bianche o nere.
Alte o basse.
Larghe o strette.
Vere o false.
Le emozioni sono emozioni e basta.
Sono pulsioni che non si possono reprimere, ma è utile saperle codificare e controllare. Anche perché, purtroppo, di sicuro c'è che, per quanto non siano riassumibili in qualcosa che penzoli da una parte o dall'altra, provocano un'enormità di azioni irrazionali.
E sono queste, in genere, a fregarci.
Stuart Sutherland, psicologo, nel libro *Irrazionalità* scriveva: "Con buona pace di Aristotele, è possibile affermare che tra gli uomini i comportamenti irrazionali costituiscono la norma, non l'eccezione. Per dimostrarlo ho raccolto molti sconcertanti esempi di irrazionalità attinti dalla vita di ogni giorno e dalle più svariate sfere professionali, dai quali emerge che le decisioni dei medici, dei generali, degli ingegneri, dei

giudici, degli imprenditori e così via non sono affatto più razionali di quelle prese da voi o da me, sebbene i loro effetti siano ben più disastrosi".

Se avere emozioni è normale, avere salde convinzioni errate lo è altrettanto. Il mondo ci bombarda di informazioni, ma noi tendiamo ad assimilare soltanto quelle che richiedono poca fatica, poca energia, poche risorse cognitive, per dirla in modo più tecnico.

Adesso che avete – vagamente – capito la regola con cui vi rifilano il deodorante che non buca l'ozono o il conto corrente che vogliono loro (e anche perché guardare la Marcuzzi sgranocchiando le patatine è più semplice che flagellarsi con Alberto Angela prendendo appunti sugli anelli di Saturno), mettete da parte ogni orgoglio e rendetevi amaramente conto che pochi, pochissimi riescono a razionalizzare le proprie decisioni o a controllare la propria emotività. E voi, nel 90% dei casi, non siete tra questi.

Le emozioni ci colgono senza preavviso e non si comandano; eppure sono ciò che riconosciamo meglio: ci piacciono, ci fanno ridere e ci fanno piangere. Muovono la stragrande maggioranza delle nostre decisioni: in amore, in politica, negli acquisti quotidiani, nel mangiare e anche nelle diete; senza dimenticare che sono determinanti per le nostre scelte finanziarie. Ma, nonostante siano sempre con noi (come la pelle), non sappiamo individuarne l'origine.

Tu chiamale, se vuoi, emozioni

Lucio Battisti, 1970.

Se vi va, cantatela sotto voce, ripescando le note nella memoria di qualche schitarrata *daggiòvani* in spiaggia davanti a un bel falò.

"... E stringere le mani per fermare qualcosa che è dentro me, ma nelle mente tua non c'è. Capire tu non puoi, tu chiamale, se vuoi, emozioni..."

Presente? Capire tu non puoi, eh no, le emozioni si provano, magari una volta ogni morte di papa (per dire) si controllano, ma non si comprendono.

Associate a una complessità di sentimenti e sensazioni, ci spingono a pensare e ad agire in un certo modo. Non solo: quelle più intense fanno tremare le mani, stringono la gola, fanno battere forte il cuore, tagliano il respiro e – succede anche questo – afferrano i muscoli fino a bloccarli.

Tutto si gioca in pochi micron di cervello e pochi attimi di cronometro. Quanti bastano a farvi saltare per aria ogni nervo e neurone, fatto per il quale dovete rassegnarvi (dobbiamo rassegnarci...) a una condizione inevitabile: siamo schiavi delle nostre emozioni. E, verosimilmente, ne usciamo frustati (anche frustrati, a volte).

Diversi studi hanno dimostrato che chi è troppo teso o sotto pressione non ha la giusta concentrazione per decidere in modo razionale. Così, tende a fare la prima cosa che gli viene in mente, visto che lo stress gli impedisce di valutare decisioni alternative più efficaci.

Un esempio. Pensate ai vostri processi mentali (indotti) nel caso:

- della promessa di un elevato compenso;
- della minaccia di una punizione.

Li avete visti anche solo per un attimo? Impediscono di cogliere razionalmente le decisioni necessarie. Proprio come le emozioni forti (che svuotano la pancia e bloccano la parola, tanto per riassumere i concetti di qualche riga fa) riducono la flessibilità e la lucidità mentale, generano comportamenti irrazionali e producono effetti devastanti anche nelle scelte quotidiane.
Si chiamano "errori cognitivi". Ed è su di loro che una parte del mondo che vi ha a cuore come clienti, consumatori (e, in fin dei conti, come destinatari di messaggi di variegatissimo genere), investe energie, studi e miliardi per farvi "emozionare". Sostanzialmente, contando sulla vostra schiavitù. E sulla frusta.
Ed è bene ricordare che, nelle scelte di natura finanziaria e nel *trading*, dove la pressione aumenta per la minaccia della perdita di denaro (tanto che nel cervello vi si materializzano immagini di voi sulle panchine della metropolitana a suonare l'organetto e a chiedere l'elemosina), gli errori cognitivi aumentano in maniera esponenziale.
Chissà perché.

Forse un software ci salverà. Sarebbe bello, ma è improbabile. Se vi capita, guardate una puntata di *Lie to me*, è quella serie televisiva (necessariamente americana...) dove il rubizzo, solo apparentemente stordito – e in verità geniale – Dottor Lightman, interpretato da Tim Roth, è un luminare della psicologia delle emozioni che indaga le espressioni facciali come metodo per smascherare le menzogne.

Ebbene, è tutto vero. Anzi, c'è di più: le ricerche scientifiche ormai si spingono verso l'analisi delle emozioni nel modo più tecnologico possibile. Esiste un software, chiamato *Affidex*, capace, attraverso l'analisi fornita da una webcam, di elaborare le espressioni facciali di chi è fermo davanti alla vetrina di un negozio, per trasmettere al negoziante il grado di interesse e di coinvolgimento emotivo dimostrato in quel preciso momento dal cliente potenziale.

Inoltre, a Ginevra (nella precisa Svizzera, patria apparente della fredda neutralità) si trova lo Swiss Center for Affective Sciences, realtà unica al mondo dove ogni attività di ricerca viene "contagiata" dall'emotività.

È un segno dei tempi: se per anni la ricerca ha cercato di creare macchine capaci di "avere emozioni", cercando di superare quella invalicabile separazione tra silicio e materia grigia, oggi la nuova sfida è creare software in grado di carpire le emozioni, di riconoscerle e di rispondere agli impulsi emotivi del nostro cervello.

Dato che difficilmente potremo contare su un software come questo durante la nostra vita quotidiana, da poveri umani senza le qualità al fulmicotone di Neo, protagonista di *Matrix* (e senza le sue pillole rosse, più miracolose di quelle azzurre con cui si bombano i vecchietti per tirarsi su ai festini), è necessario imparare a comprendere l'irrazionalità.

Tanto per non fare troppe cazzate, o almeno restare nella media. E non fare la figura della locomotiva (ai festini).

Per riuscirci bisogna pensare e ragionare, ma pensare costa fatica e a volte è perfino poco piacevole. La maggior parte delle persone non ama nemmeno scegliere, perché comporta prendersi delle responsabilità, così si condanna a una vita

da pesce in barile: sceglie di non scegliere. È terribile, ma molto moderno.
Anzi, è uno dei segni di questa modernità centrifugata in cui, volendo estendere il concetto:

- non si legge, perché leggere è faticoso, invece la TV non affatica;
- non si pensa, a pensare ci pensino gli altri;
- non si vota, perché tanto sono tutti uguali;
- non si crea (tanto quello che serve si compra già fatto all'Ikea).

In fondo, nessuno può farvene una colpa. Se vi ritrovate in queste quattro condizioni, magari avete pure ragione perché, come scrive sempre Sutherland, il pensiero razionale e le decisioni razionali non conducono necessariamente a risultati migliori.
Cioè: potreste comunque sbagliare.

La rana nel latte. Un ragazzino, mentre faceva colazione, informò gli adulti presenti che c'era una rana nel suo latte. Malgrado la sua dettagliata descrizione dell'animale – forma, colore, dimensioni – quelli replicarono che la cosa era assolutamente impossibile. Benché la conclusione a cui erano giunti, se rapportata alle loro conoscenze, fosse pienamente razionale, con grande soddisfazione del ragazzino si scoprì che avevano torto. Infatti, la rana nella tazza, ce l'aveva messa lui. Che cosa significa? Che non sempre la decisione più razionale (e quindi, nel caso, negare con risolutezza che una rana possa sguazzare nel latte durante la cola-

zione, *macheschifo*...) ci garantisce il risultato migliore, dato che nelle vicende umane subentra quasi sempre un elemento di casualità (interpretato, nella storiella, da un ragazzino subdolamente dispettoso).
Sappiate che nell'arco della vita i fattori casuali, come gli errori arbitrali nel calcio (casuali poi dipende: ormai quelli a sfavore della Juve, Bergomi, quando commenta su Sky con Caressa, nemmeno li vede più), tendono a compensarsi. E se vogliamo realizzare appieno i nostri obiettivi, o non vogliamo dilapidare i nostri patrimoni, faremmo meglio a prendere decisioni razionali il più frequentemente possibile.
Sebbene, onestamente, ogni tanto una botta di culo potrebbe condurci a traguardi anche più soddisfacenti.

Maledetto luogo comune. Maledetto? Due studiosi americani, Hugo Mercier e Dan Sperber, sostennero che non solo i luoghi comuni ci aiutano a vivere meglio, ma anche che l'evoluzione naturale premia l'intuizione e, quindi, l'irrazionalità rispetto alla logica.
È certo che, negli anni, l'evoluzione biologica della specie sia stata gratificata grazie alle scelte rapide e intuitive. Ma non si possono uniformare gli usi delle pelli di animali scuoiati dei cavernicoli per proteggersi dal freddo a quelli delle armature dei cavalieri per difendersi dalle mazzate, o alle "mutande di ghisa" che dobbiamo indossare quotidianamente per difenderci dalle emozioni che ci fregano.
Sono usi diversi, per epoche diverse. Così come il cavernicolo non andava a fare la spesa al supermercato trovandosi in

mezzo a due file di detersivi in promozione, il prode cavaliere non incappava nei manifesti pubblicitari dei reggiseni dedicati al sostegno dei meloni della sua dama. Eventualità, invece, per noi scontate.
Oggi il pericolo ha ben altri volti, che non quello di un feroce saladino incavolato alle crociate o di un puma che spunta dallo sperone di una roccia.
Oggi, raffinatezza dei nostri tempi servita in salsa multimediale, il pericolo sta nelle emozioni. È qui che si annidano le trappole moderne, che la scienza – non a caso – chiama "illusioni cognitive". (Mazzate concrete, comunque. E Wilma non sempre vi passa la clava...)

Le aspettative. Non fate confusione: non stiamo parlando di quel bisogno epocale di mandare tutti a quel paese e prendersi un periodo di fermo prolungato – che assale tra i 45 e i 50 – per farsi un bel pacco di cavoli propri, magari guadagnandoci pure, visto che l'unico "modello tedesco" possibile da noi è quello che, con la scusa delle ristrutturazioni postcrisi, porta ai vertici delle aziende solo cagnacci di razza Dobermann, che in genere si chiamano Adolfo (o Sergio).
No, qui si parla di ciò che ci si aspetta e, come vedremo meglio in seguito, le nostre aspettative cambiano il modo di percepire e di leggere le esperienze.
Un tempo, gli scienziati credevano che gli esseri umani rispondessero a informazioni che affluivano nel cervello dal mondo esterno. Ormai, invece, si sa che rispondono a ciò che il cervello si aspetta sulla base delle esperienze già vissute. La mente è uno strumento tanto potente da poterci pro-

curare tutto ciò che crediamo sia possibile; ma, perché questo accada, dobbiamo credere che sia possibile.
Come racconta Richard Bach nel *Gabbiano Jonathan Livingston* e nel *Cielo ti cerca*, prima o poi quelli che vincono sono quelli che pensano di poter vincere ma, soprattutto, quelli che ci credono fino in fondo.
Infatti, è importante avere aspettative positive e, non a caso, i neuropsicologi che studiano la "teoria delle aspettative" dicono che passiamo la nostra esistenza a diventare individui condizionati.
Significa, in parole povere, che attraverso gli eventi di un'intera vita il nostro cervello impara cosa aspettarsi in seguito, che accada oppure no. E poiché il cervello si aspetta che qualcosa accada in un certo modo, spesso realizziamo esattamente ciò che abbiamo previsto.

Effetto placebo. Funziona alla grande. La lista dei test e degli esperimenti in questo campo è lunga: noi la accorciamo a un esempio, significativo.
In Texas alcuni medici fecero un test su pazienti con problemi alle ginocchia. Stabilirono tre procedure chirurgiche differenti: raschiare l'articolazione del ginocchio, lavarla, oppure non fare nulla. Anche i pazienti a cui non venne fatto nulla subirono l'anestesia: vennero fatte loro tre incisioni sul ginocchio e furono operati per finta.
Due anni dopo l'intervento, i pazienti che avevano subìto il finto intervento riferirono la stessa diminuzione di dolore e gonfiore rispetto a quanti erano stati realmente operati.
Morale: il cervello si aspettava che l'intervento chirurgico

migliorasse le condizioni del ginocchio, e così era stato. È la prova che le nostre aspettative influenzano il modo in cui percepiamo e interpretiamo tutti i fenomeni sensoriali. Anzi: possono influenzare anche la nostra persona alterando esperienze soggettive, e persino oggettive, a volte profondamente.

Se non ci credete, prendetevi il tempo necessario per andare ad analizzare le storie di manager e imprenditori di successo; oppure dei grandi campioni dello sport, invece di credere a quello che vi dice la vostra cartomante; perché, si sa, come diceva Bertrand Russell: "L'uomo è un animale credulone e ha bisogno di credere in qualche cosa; in assenza di fondamenti validi per le sue convinzioni, si accontenta di quelli sbagliati".

Tenete conto, comunque, che l'effetto placebo incide anche sull'analisi del prezzo:

- una medicina costosa ci fa stare meglio di una economica;
- un vino più costoso ci risveglia i sensi in maniera più decisa di quanto non lo faccia uno più a buon mercato;
- la parola "gratis" fa reagire la gente esattamente come una persona che sta morendo di fame davanti a una tavola imbandita (non è un'esagerazione metaforica, ma la verità: si mettono in moto esattamente le stesse aree del cervello. Quelle, per intenderci, che il proverbio ha affidato alle sensazioni dell'acquolina in bocca).

La finanza comportamentale. Spesso si commette l'errore di considerarla solo un elemento teorico di studio,

semplice "filosofia". E invece l'aspetto comportamentale rimane ancora il maggior *driver* (guida) di successo per le scelte finanziarie: vi può condurre alla meta. Ma, purtroppo, la verità è che il risparmiatore rimane risparmiatore nel senso più triste del termine, che più o meno è quello per cui ti identificano con qualche centone in banca, tre Bot (e, se va bene, un fondo emergenti), perché se i centoni sono migliaia, i Bot li lasci alle zie e il resto è oro, incenso e derivati, allora no: allora sei un investitore.
La differenza? Il risparmiatore non studia, non approfondisce (pensa pure che il vicino ce l'abbia fatta perché aveva il "cavallino" giusto) e rimane legato ai luoghi comuni. Vediamo, perciò, di smontarne qualcuno.

Prima mutanda di ghisa. Consigliamo di indossarla all'investitore dilettante o *retail* (come scriverebbero i giornalisti che parlano sempre con equilibrio di Mirafiori e sempre con ossequio delle banche). Dovrebbe metterla per difendersi dagli abusi "endogeni", cioè quelli provocati da se stesso come individuo, oltre che da quelli causati dal proprio cervello (bacato). Il concetto, però, è difficile: apparentemente non c'è alcuna differenza tra gli errori causati dal cervello in maniera inconscia e quelli causati dal comportamento da risparmiatore. Partendo dalla sindrome dell'insoddisfazione permanente (vedi box a p. 29), si arriva alla mancanza di umiltà: all'investitore (cliente) manca la voglia di confrontarsi. Manca quel *clic* che lo trasformi in "cliente consapevole" e lo elevi da quel rozzo, arrogante correntista *ghe pensi mi* che guarda con superficialità tutto quanto riguardi il tema denaro. Il miglior modo per arrivare a perdite spesso irrimediabili.

Seconda mutanda di ghisa. Questa è gentilmente offerta dalla Banca d'Italia. Nel senso che anche lassù, finalmente, qualcuno si è accorto che la scarsa consapevolezza dei "consumatori finanziari" è pericolosa per il sistema, almeno quanto un buco nelle riserve auree.

La relazione del vicedirettore generale Anna Maria Tarantola, datata marzo 2010 e intitolata *La Banca d'Italia e la tutela del consumatore nei servizi bancari e finanziari*, comincia trattando proprio i temi delle asimmetrie informative dei mercati finanziari e conclude sottolineando l'importanza dell'educazione finanziaria. "A buone regole, a controlli efficaci, si devono aggiungere maggiori consapevolezza e familiarità dei consumatori rispetto alle proprie esigenze di risparmio e investimento e alle opportunità e rischi offerti dal mercato. L'educazione finanziaria, aumentando la capacità di autotutela degli individui, è un importante strumento di protezione dei consumatori. Alcune indagini condotte dalla Banca d'Italia, confermate anche da altre rilevazioni, evidenziano che le conoscenze e competenze della popolazione italiana sono limitate; larga parte dei cittadini è scarsamente consapevole delle proprie necessità di risparmio e di investimento, non sa pianificare le esigenze per il futuro e non riesce ad acquisire autonomamente le informazioni e le competenze necessarie."

Belle, autorevoli, condivisibili parole.

Resta il fatto che, purtroppo, la regola delle tre F è sempre attuale. Le persone credono (senza cognizione di causa) di poter trattare autorevolmente anche loro, tre argomenti chiave: il Football, la F. e la Finanza. Come è noto, mentre le opinioni espresse nelle prime due provocano danni lievi o non ne provocano affatto (a meno che non siano gnocca-party presidenziali), nel terzo caso non va allo stesso modo. Negli investimenti, comportamenti arroganti, superficiali e poco consapevoli portano a perdite spesso irrimediabili.

Terza mutanda di ghisa. Nelle scelte finanziarie, succede che il cliente sia un animale che vuole mangiare anche quando non ha fame, così (non di rado) l'indigestione diventa letale. La visione e l'attenzione al solo rendimento, invece che l'analisi del rapporto rischio/rendimento (solo per fare un esempio pronta cassa) costituisce la prima causa di tanti dissesti finanziari. Purtroppo, però, il risultato finale, generalmente negativo, è sempre frutto della colpa di qualcun altro e mai di se stessi. Si rigira la frittata, insomma.
Cerchiamo perciò di rigirare anche il concetto, partendo proprio dagli errori più comuni descritti dagli studi della finanza comportamentale (*behavioral finance*), segmento della psicologia che tratta lo studio degli aspetti "cognitivi" e dell'elaborazione delle informazioni degli investitori in relazione alle loro scelte di natura finanziaria.
Detta in altre parole, è la scienza che spiega il modo in cui gli investitori utilizzano le informazioni per prendere decisioni finanziarie, partendo (e questo è il punto) dalle distorsioni cognitive. Cioè dagli errori.
Facciamo, quindi, le giuste distinzioni:

- la "teoria finanziaria classica" ipotizza che i mercati siano efficienti, che gli individui siano perfettamente razionali e agiscano utilizzando tutte le informazioni a loro disposizione;
- la "finanza comportamentale", invece, grazie a una serie di indagini e ricerche, sa bene che i risparmiatori com-

mettono sistematicamente una sequenza di erroracci da matita blu. Erroracci di...

- ragionamento;
- scelta;
- contabilità;
- comportamento;
- percezione della relazione rischio/rendimento;
- mancata diversificazione;
- eccessiva attenzione al *market timing* (tempi);
- incapacità gestionale del proprio portafoglio.

Sì, siete proprio in un vero casino. Ma nessuno verrà a giocare con voi nella jacuzzi extralarge.

Non sempre le scorciatoie aiutano

In psicologia sociale e cognitiva, l'euristica è una strategia. È una scorciatoia di pensiero che permette alle persone di elaborare più rapidamente giudizi sociali; ricavare informazioni dal contesto; attribuire significato alle situazioni e prendere decisioni a fronte di problemi complessi o di informazioni incomplete.
Abbiamo visto che, per quanto utili possano essere le regole pratiche, il loro uso provoca però distorsioni sistematiche. Questa idea fu sviluppata per la prima volta, alcuni decenni fa, da due psicologi israeliani, Amos Tversky e Daniel Kahneman. Ed è un'idea che ha rivoluzionato il modo in cui gli

Meglio Ruby o la Macrì?

Certi esempi sono come i tempi: si evolvono. C'era una volta quell'uomo risparmiatore medio che, cancellate dal cervello Canalis e Seredova (ormai inarrivabili e impegnate), puntava all'esplorazione di nuove mode dove, per raggiungere la soddisfazione del corteggiamento, basta il grano. L'uomo risparmiatore medio "bis", dunque, è incarnato da quel fortunato signore che riesce a invitare direttamente al dopocena (e non più a cena) Ruby e, nel bel mezzo della serata, suona al citofono la Macrì.

Passati quei soliti, fatali dodici millesimi di secondo, non va più in paranoia: pensa alla Ruby che ha già lì, ma fa accomodare anche la Macrì, perché più siamo e meglio stiamo. Poi, infischiandosene altamente che in quel preciso istante tre quarti d'Italia dorma e il quarto insonne stia guardando le repliche di Bonolis sul "cinque", se le spupazza tutt'e due, tanto al gettone penserà il ragioniere.

Dalla sindrome dell'insoddisfazione permanente (per cui si è portati a trovare sempre qualcosa di migliore, e più avanti, in modo ossessivo) si è piombati in piena sindrome da soddisfazione permamente. Dove basta pagare per avere. E dove basta pagare per non aver più nemmeno bisogno di scegliere. Perché, pagando, arriva veramente tutto, errori compresi.

psicologi, e di conseguenza gli economisti (o, almeno, una parte di loro, per fortuna) concepiscono il modo di pensare. Il principio che giustifica l'esistenza delle euristiche si appoggia al paradigma della *Social Cognition* (per cui l'individuo mette in atto comportamenti elaborando informazioni provenienti dall'ambiente esterno) e considera il sistema cognitivo umano come un organismo a risorse limitate che, non potendo risolvere problemi tramite processi al-

goritmici, fa uso di euristiche (quindi, strategie) per semplificare decisioni e problemi.
Diciamo che, per usare una metafora comprensibile, è come se avessimo un software di gestione piazzato nel cervello.
Attenzione, però. I limiti di cognizione e memoria ci inducono a seguire specifiche strategie semplificatrici, quando si devono usare le informazioni disponibili per decidere. E, sebbene le euristiche funzionino correttamente nella maggior parte delle circostanze quotidiane, in certi casi possono portare a errori sistematici.
Queste strategie aiutano, infatti, a ridurre il consumo di risorse (il cervello cerca sempre delle scorciatoie per non sprecare "benzina"), ma inducono più facilmente all'errore.
Direte voi: bene, ora che ce l'avete detto, staremo più attenti.
Ma non è così: l'uso delle euristiche è inconsapevole, viene attivato dai cervelli sia dei dilettanti sia dei professionisti: ci si accorge di averle utilizzate malamente solo dopo aver deciso, ma l'esperienza ci aiuta a evitarle.
In fondo, è come nello sport: non vince chi non sbaglia, ma chi sbaglia di meno.

L'euristica della disponibilità. Si tende a stimare la probabilità del verificarsi di un evento sulla base della vividezza e dell'impatto emotivo di un ricordo, piuttosto che sulla probabilità oggettiva che qualcosa vada in un modo o nell'altro.
Qualcuno potrà pensare che venga applicata da piacenti "ballerine Biancaneve" che – nel segno della massima disponibilità – partivano in taxi dalla libera università dell'Orgettina

di Milano Due per dirigersi verso la casa dei nani. Invece, l'euristica della disponibilità fa riferimento al fatto che gli individui sono influenzati dalla facilità con cui i ricordi possono essere richiamati alla mente (e non al telefono).
Gli individui giudicano gli eventi facili da ricordare, poiché vividi e recenti o perché vissuti personalmente e, quindi, più facilmente accessibili per il proprio cervello. In campo finanziario, un esempio classico è rappresentato dalle aspettative sull'andamento futuro del mercato, viziato e influenzato dagli sviluppi più recenti, stimati dal cervello più probabili. E, per intenderci, è uno dei motivi per cui, quando vi spacciano un fondo legato a Paesi emergenti di cui ignorate la capitale e la latitudine, come specchietto usano il rendimento passato.
Comunque, è un fatto che quando diamo giudizi sul futuro utilizziamo le nostre conoscenze personali acquisite. Un problema, in verità, perché la nostra memoria:

- non è infallibile;
- non utilizza principi statistici;
- non utilizza modelli matematici;
- è fortemente influenzata da fattori psicologici;
- è fortemente influenzata da limitazioni cognitive.

E adesso potrete capire perché sia possibile che una minorenne possa essere ricordata come una ventiquattrenne nipote di Mubarak.
Piuttosto, tra i fattori che influenzano la nostra memoria, troviamo:

1. l'esperienza. La nostra mente recupera più facilmente gli eventi a cui siamo stati esposti più spesso, o di cui siamo stati protagonisti attivi: sono, quindi, giudicati più

frequenti. In questa logica, le informazioni più recenti hanno spesso il sopravvento nella ricerca nei "cassetti della memoria";

2. la vividezza. La mente registra le emozioni forti che vengono recuperate più rapidamente. Un esempio classico è quello degli incidenti aerei: sono giudicati più frequenti di quanto non siano nella realtà, quindi considerati causa di un numero di morti maggiore rispetto ad altre cause (in Brasile ne ammazzano di più i calci dei muli; in India gli elefanti). Nell'euristica della disponibilità, perciò, non vale il detto "la prima impressione è quella che conta".

I prossimi capitoli vi sveleranno molti trucchi in più, ma già da ora per voi è utile sapere che la tendenza a basare i nostri giudizi su fattori disponibili è abilmente utilizzata dai negozianti: è più probabile che acquistiate un oggetto in vetrina a 15,99 euro, piuttosto che a 16 euro. La cifra che conta per il nostro cervello è quella relativa agli euro e non ai centesimi. Come dire: ci sono, ma non li vedete.
Il cervello, infatti, "registra" la maggior convenienza e l'impulso all'acquisto in funzione dei 15 euro inferiori ai 16, e non analizza che la convenienza sia invece limitata a un delta di un solo centesimo.
Ma non sono solo gli ultimi contenuti proposti al cervello quelli più facilmente recuperabili e quindi disponibili: anche quelli più drammatici e carichi di pathos emotivo generano forti emozioni e, quindi, sono vividamente disponibili.
Esempio. Se un delitto è stato commesso in modo efferato da un branco di extracomunitari clandestini, genera maggiore "disponibilità cerebrale": chi dovrà scrivere l'articolo

sul suo giornale avrà maggiore spazio, rispetto allo stesso delitto commesso da un uomo qualunque. O, se preferite, potete capire il concetto attraverso il detto "fa più notizia un morto fuori dalla porta, che mille morti altrove". Per lo stesso motivo, anche per chi legge è probabile che i due fatti scateneranno reazioni emotive diverse.

In finanza il caso più classico di disponibilità si verifica nel mercato azionario con il teorema "Borsa che sale, investitore che compra; Borsa che scende, risparmiatore che vende".
In campo professionale, invece, spesso e volentieri si fanno estenuanti riunioni dove vengono analizzati scenari ed elementi utili alla definizione di grandi strategie aziendali; peccato che poi le decisioni vengano prese dagli alti dirigenti che si fanno influenzare dal commento dell'amico al bar o dalla notizia appresa dai quotidiani. Per capire il tema, è utile una barzelletta.

Un uomo molto ricco ha tre fidanzate e non sa quale sposare; decide allora di affidare a ognuna di loro una significativa somma di denaro per vedere come la impiegheranno. Dopo qualche tempo, la prima ritorna piena di regali: "Amore mio, ho speso tutti i soldi che mi hai dato per coprirti di doni e farti capire quanto ti amo e quanto tu sia la cosa più importante per me".
La seconda: "Amore mio, ho investito sapientemente il denaro che mi hai consegnato e ho realizzato queste plusvalenze per farti capire quanto sono oculata nelle spese e attenta alla sicurezza del nostro futuro insieme".
La terza, invece, ha speso tutta la somma per sé, e dice:

"Amore mio, mi sono comprata vestiti alla moda e mi sono rifatta completamente per essere sempre bella appositamente solo per te, per farti capire quanto ti amo".

Sapete come va a finire? Che l'uomo sceglie quella con le tette più grosse.

L'euristica della rappresentatività. Grazie a essa, si tende a classificare un oggetto attraverso il criterio di somiglianza o rilevanza, attribuendo caratteristiche simili a oggetti simili, spesso ignorando informazioni che dovrebbero far pensare il contrario.
In sostanza, questa "scorciatoia" descrive la modalità (molto umana) con cui si prendono decisioni formulando giudizi di probabilità sulla base di informazioni proprie, però frutto di luoghi comuni, stereotipi e situazioni familiari. Si tratta di decisioni prese in base a calcoli intuitivi delle probabilità.
L'esempio più classico riguarda la probabilità di uscita del rosso e del nero alla roulette, detto anche *errore del giocatore d'azzardo*.
Supponendo che la pallina finisca sul rosso 10 volte di fila, se interpellassimo giocatori incalliti che si danno arie da "leoni del tavolo verde", oppure persone normali, riguardo alle probabilità di uscita del rosso o del nero nel lancio successivo, tutti (ma proprio tutti, compresi molti di voi) risponderebbero che sono maggiori le probabilità che esca il nero.
In verità (eliminando l'elemento possibile della roulette truccata, ammesso e non concesso che siamo finiti in un saloon di El Paso alla fine dell'Ottocento e non a *Sanvenzàn*),

le probabilità che esca il rosso e il nero sono esattamente le stesse ogni volta che viene lanciata la pallina, perché il lancio della pallina non ha memoria e, a prescindere da quante volte di seguito sia già finita su un colore, le probabilità che torni a cadere su quel colore al lancio seguente restano uguali.
La buona notizia è che questo errore non aumenterà le vostre probabilità di perdere o di guadagnare denaro. L'euristica della rappresentatività induce a non considerare l'approccio statistico di regressione verso la media. Cioè, a stimare la continuità di risultati eccellenti, oppure pessimi, come risultati prevedibilmente continuativi. Invece, dopo una serie particolarmente vincente o perdente, il risultato tende naturalmente ad attestarsi verso la linea mediana. Spieghiamolo più semplicemente con un esempio dei giorni nostri.
Silvia ha 25 anni, è single, bella e procace. Non è laureata. Ha un diploma di igienista dentale. Da studentessa si è occupata con dedizione ai diritti umani e ha passioni politiche.
Ora, ordinate le seguenti opzioni dalla meno alla più probabile:

- Silvia è un'igienista dentale;
- Silvia è una consigliera regionale;
- Silvia è un'igienista dentale e anche una consigliera regionale.

La maggior parte dei lettori considererà l'opzione "igienista dentale" come la più probabile; mentre giudicherà decisamente meno probabile la scelta "consigliera regionale"; ma collocherà al secondo posto nelle scelte la terza opzione, e cioè che Silvia sia un'igienista dentale e anche una consigliera regionale.
Così facendo, considerando la terza opzione più probabile

della seconda, si cade nella cosiddetta *fallacia della congiunzione* (non sghignazzate: è il vero nome scientifico di questa eventualità).
Nei fatti, la congiunzione di due opzioni non può matematicamente essere superiore a una di esse, in quanto la singola opzione è già compresa in quella doppia. Per definizione, per svolgere entrambi i ruoli, bisogna per forza appartenere a una singola categoria o, per dirla in altre parole, l'insieme di igienista dentale/consigliera regionale è già compreso anche in quello delle consigliere regionali.
Naturalmente, questo esempio non implica una morale. E nemmeno il fatto che per diventare consiglieri regionali sia necessario passare dalle poltrone dei dentisti.
Anche se, ultimamente, passare da qualche poltrona può rivelarsi un modello con minore rilevanza statistica, ma più veritiero.

L'euristica dell'ancoraggio. L'ancoraggio identifica la consuetudine di formulare previsioni partendo da un parametro di riferimento noto (àncora), ritenuto altamente attendibile per aggiustare la previsione (per eccesso o per difetto), alla ricerca del dato che non conosciamo.
Così, per esempio, volendo stimare la popolazione di una città, si prende il dato a noi conosciuto di una città limitrofa e si aggiusta in aumento o in diminuzione. In altre parole, si prende il numero che si conosce (l'àncora) e lo si aggiusta nella direzione che riteniamo più appropriata.
Il problema nasce dal fatto che, generalmente, gli aggiustamenti sono imprecisi, errati e casuali. Nella comunicazione

l'àncora è rappresentata dal dato presente nella domanda che ci viene rivolta, o dalla sequenza di domande che ci inducono a prendere il dato di partenza per definire l'àncora dalle informazioni contenute nella domanda stessa.

Un altro tipo di àncora è costituito dal parametro di riferimento fornito da chi chiede donazioni. Se la gamma di possibilità di donare viene riferito a 10, 20, 50 o 100 euro, il nostro modo di definire il parametro di riferimento è diverso rispetto a quanto potremmo donare se ci venissero chiesti 100, 250, 500 o 1.000 euro.

Lo sconto e il fenomeno dei saldi funzionano proprio sullo schema dell'ancoraggio: l'àncora è il prezzo precedente al saldo o allo sconto, e noi siamo entusiasti di pagare un prezzo decisamente inferiore rispetto a quello originario.

Del resto, quante donne si scatenano alla cosiddetta "caccia al saldo" più conveniente? Certo, pagare un vestito 800 euro invece che 1.200 è sicuramente un grande affare, come un paio di scarpe a 349 euro è meglio che a 500.

Lo stesso fenomeno è presente nelle negoziazioni dove i più abili, partendo da richieste elevate, concedono un forte sconto all'avversario facendogli credere di aver ottenuto una vittoria e strappato un accordo estremamente vantaggioso.

Le previsioni sull'andamento del mercato azionario sono un altro esempio estremamente calzante: tendono, infatti, a essere ottimistiche quando il mercato sale, oppure privilegiano i titoli che sovraperformano il mercato; allo stesso modo, tendono a essere pessimistiche quando il mercato scende, fino ad arrivare al fenomeno del *panic selling* (vendite da panico). Un'eventualità che, come scoprirete fra qualche riga, porta nel nome il proprio destino, ma nessuno se n'è accorto.

La "consulenza comportamentale" non è un reality

È la nuova frontiera, almeno parlando di investimenti. Eppure, se un bravo consulente fosse sempre con noi, attaccato alle nostre scapole come la cozza allo scoglio (uno che sappia di cervello e del suo funzionamento), è probabile che faremmo meno errori anche in tante altre occasioni.
E questo è il punto: siamo guidati dall'irrazionalità e ci vorrebbe sempre qualcuno che ci dia un tocchetto sulla spalla ogni tanto, anche solo per insegnarci a contare fino a 10 ed evitare che ci si infiammi il becco (o l'ormone) come capita a Paperino (o ai presidenti anzianotti).
Nel caso degli investimenti, comunque, diciamo che avere un consulente "comportamentale" è un modo utile (e sarebbe necessario in un mondo perfetto, che però perfetto non è) per combinare il meglio della finanza comportamentale e il meglio della consulenza.
È un modo per affrontare problemi reali, vissuti, da vivere, comunque concreti, verificabili, tanto umani quanto scientifici. Insomma, non è un reality: la consulenza comportamentale si occupa dell'essere e non dell'apparire. Non prevede autori e sceneggiatori che orientino le vostre scelte: le orienterete voi, le interpreterete anche. Ma saranno sempre le vostre scelte. Quelle più utili per voi che, strano caso del paradosso umano, spesso da soli non sapete cogliere. La consulenza comportamentale è così un modo, soprattutto, per crescere. Per i clienti, perché avranno a fianco qualcuno che elabora le informazioni con un processo (cognitivo, ricordate sempre la parola) mediamente più corretto e meno superficiale.

Per i consulenti, perché a forza di sostenere clienti distorti e storditi uno dopo l'altro, ascoltarne i dilemmi esistenziali come uno strizzacervelli, ne avranno conosciuto debolezze e crucci in quantità, in modo da crearsi l'esperienza. (Senza puntare, in ogni caso, a diventare degli strizzarisparmi, anzi.) Sapete come definiscono gli americani questa eventualità dal doppio valore? *Win win*, cioè si vince da una parte e dall'altra. Motivo per il quale non è così facilmente applicabile in Italia (potreste provare a fare le primarie per il vostro consulente, ma non è detto che cambi qualcosa, in genere chi fa le primarie perde sempre).

Detto con la massima limpidezza, di questi tempi può sembrare marginale parlare di consulenza, visto che questo strumento è destinato a un pubblico decisamente adulto e finanziariamente maturo. Verrebbe da dire anche ricco, ma è proprio questo il punto: qualcuno ha deciso che la consulenza è una crema per nababbi, mentre invece potrebbe essere una salsa semplice per tutti, come quelle che prepara la Clerici nella sua cucina.

Per intenderci, almeno in misura ragionevole, questa salsa dovrebbe essere resa disponibile (in un modo o nell'altro) anche al pianterreno, e non solo ai piani alti del *private banking* dove ti fanno accedere solo se hai la camicia inamidata gemellata e il Luminor dei sommergibilisti al polso (in fondo, è importante anche andare a fondo in questo mondo, se non altro per imparare a risalire); oppure se hai la Vuitton piena di contanti incassati (a botte di 5.000, hai voglia...) dopo qualche bella seratina a far bisboccia, danzando con il ventre che ai *cumenda avviagrati* piace tanto.

Intanto, cominciamo a vedere gli atteggiamenti giusti in cinque mosse:

1. **volate basso.** L'eccessiva confidenza o l'eccesso di ottimismo nelle proprie capacità e nell'analisi dei rischi dei mercati colpiscono sia il consulente sia il cliente. È vitale, perciò, che nella costruzione del portafoglio si tenga conto attentamente di questo fattore, per mantenere una relazione stabile. Una partnership;

2. **non fate i vaghi.** Il lavoro da svolgere insieme deve riguardare l'intero patrimonio e non solo una parte. Dovete dire la verità, fornire informazioni perché il consulente (pur non essendo un confessore) deve sapere tutto delle vostre prospettive, del vostro gruzzolo, anche delle vostre rogne (in previsione). Quel che conta è il risultato congiunto o globale dell'investimento, e questo risultato arriva solo se c'è consapevolezza e condivisione delle scelte;

3. **stimatevi.** Il dialogo tra voi e un consulente deve realizzarsi nel rispetto reciproco. Nessuno cerchi di fottere l'altro: quando ci si fida, e se ci si fida, niente "mutande di ghisa". Abbassare le difese non significa mettersi nelle mani dell'altro, ma camminare insieme;

4. **contate bene.** Quando dovete tirare la linea del ragioniere (e scrivere entrate di qua, uscite di là), incorrete troppo spesso nel drammatico errore della contabilità degli investimenti a compartimenti stagni. In altre parole, se è "normale" dal punto di vista cognitivo che le perdite facciano più male di quanto facciano bene i guadagni, dal punto di vista contabile perdite e guadagni devono avere lo stesso metro di giudizio;

5. **siate sinceri.** Nell'analisi del portafoglio, e dei prodotti finanziari che lo compongono, è necessario soffermarsi a valutare sia gli aspetti positivi sia quelli negativi. L'analisi obiet-

tiva (e asettica, in termini emotivi) della situazione vi guiderà, insieme al consulente, verso obiettivi e risultati non influenzati da aspettative irrealistiche, in genere viziate da desideri personali e non da dati reali. Ricordate: praticamente sempre, ma soprattutto nel caso dei vostri risparmi, i reality possono fare malissimo (rischiate di restare sull'Isola. Soli come cani e poveri in canna).

Enciclopedia dell'errore. Con il senno di poi (di cui sono piene le fosse e i talk show stile "Porta e intorta") gli investitori sono previsori fantastici e infallibili, pronti a estrarre dall'urna i sei numeri vincenti dell'enalotto. Per usare un termine più tecnico sono "maestri nell'elaborazione di risultati basati su valutazioni *ex post*": insomma, tutti bravi ad averci beccato dopo, come quelli che, sentita la risposta da qualche migliarino di euro al *Milionario*, sbraitano sul divano e dicono: la sapevo. Non è così che funziona, amici: le elaborazioni e gli scenari da utilizzare per le strategie di investimento, purtroppo, si fanno *ex ante*, cioè prima che accadano.

Il problema è che il consumatore finanziario medio ha abbattuto le leggi della "fisica finanziaria":

- investe in prodotti di breve periodo con rischi bassi e con bassi rendimenti per ottenere risultati di lungo periodo (presente i Bot?);
- investe, al contrario, in strumenti di rischio elevato che dovrebbero fornire risultati nel lungo periodo, cercando di ottenere la massimizzazione dei rendimenti nel breve periodo (presente la Borsa?).

La cosa giusta

Analisi del rischio e del rendimento: sta tutto qui, nell'ordine. Rendetevene conto prima che sia troppo tardi e prima che ogni ricordo amaro, frutto di questa crisi punica (leggi: interminabile), sia diventato concime per l'orto.

L'esame di questi elementi va fatta sia dall'investitore sia dal consulente con assoluta par condicio in termini di attenzione, correttezza e trasparenza. Sappiate che è su questo terreno che scoverete i professionisti farlocchi.

Il venditore tipico porrà massima enfasi al rendimento, perché è quello che ammalia il cliente, è musica per le sue orecchie.

Il bravo consulente, invece, sposterà il discorso prima sui rischi del portafoglio e la speranza è che, nel tempo, troverà sempre meno sordi di quanti ne abbia trovati fin qui.

Rischio. Fino a pochi anni fa era una parola vietata dai prospetti di qualunque prodotto: allontana i clienti, dicevano i maghi del marketing. Oggi è il compagno di viaggio costante, è l'elemento principale di ogni scelta (in ogni campo). Facciamo un (nostro) esempio classico. Fare soldi è come arrampicarsi su una montagna: più in alto si va, più si rischia di cadere.

Rendimento. Le aspettative di guadagno devono essere realistiche. E devono corrispondere a quel rischio che siete disposti a correre. La sintesi di queste condizioni vi dà l'efficienza della vostra scelta. Per dirlo con la montagna, non puntate immediatamente alla vetta più alta, se non vi chiamate Messner e se vi manca il fiato anche per spostare una poltrona.

Tempo. Anche per arrivare alla vetta più bassa, serve tempo. Siate onesti con voi stessi e, considerata la vostra "forma", calcolate quello necessario per raggiungere il vostro traguardo. Senza fretta.

Ragiona, cioè, in termini di lungo periodo quando pianifica, ma vuole realizzare risultati positivi in brevissimo termine. *Gulp*, ma anche Mister Bean è più furbo e avveduto.
È in questo meandro di sicurezze da luna park che il consulente deve irrompere e fare il suo dovere:

1. metta nero su bianco, in modo chiaro (*for dummies*, come dicono gli americani, e quindi leggibile anche per una prozia ottuagenaria), obiettivi e rischi, senza troppi termini tecnici che fanno fico nei report del Credit Suisse, ma non quando serve guardarsi nelle palle degli occhi. E capirsi;
2. faccia intendere bene dove si parla dei rendimenti attesi futuri, e dove di quelli passati. Delinei chiaramente i tempi del raccolto, come farebbe un contadino con la sua piccola vigna di famiglia, e non come farebbe un mezzadro perfido con quella, grande, del padrone;
3. spieghi i rischi come un meteorologo spiega le variabili del tempo: può piovere, tirare vento, fare freddo, ma anche esserci il sole. Non è dovuto, ma accadrà. Onestamente, con fasi più imprevedibili di una volta.

Mal comune, mezzo gaudio. Se, poi, c'è una cosa che disturba, ed è una premessa – sbagliata – che rischia di sbriciolare il rapporto tra il professionista e il cliente in modo irreparabile, è che il dialogo tra i due persegue spesso il modello "non parlarmi, non ti sento". Cioè, alcuni aspetti legati all'errato ragionamento portano a convinzioni errate dalle quali emotivamente non si riesce a sfuggire. Esempi classici:

- non riusciamo a lasciare correre i profitti e a tagliare le perdite, perché il dolore della perdita è maggiore del piacere per un guadagno realizzato. Tanto è vero che, appena siamo di fronte all'opportunità (razionale) di un profitto, il desiderio (irrazionale) di realizzarlo subito ci spinge a vendere troppo presto;

- seguiamo il gruppo, perché guadagnare da soli fa più male che perdere in compagnia. Sì, avete letto bene: il "mal comune mezzo gaudio" ci ipnotizza e ci imbambola in una sorta di conformismo finanziario, in cui gli effetti del "branco" si autoalimentano.

Per afferrare meglio il concetto, pensate a quando uno comincia a suonare il clacson: dopo un secondo lo fanno tutti. Nel *panic selling*, funziona allo stesso modo: spesso si fanno cose senza neanche sapere perché. Se fosse una "vendita giusta" la chiamerebbero così, forse? "Da panico"? La chiamerebbero "vendita da necessità", "vendita da rettitudine", "vendita intelligente", o anche legittima, corretta, e in mille altri modi traslabili dal civile e tranquillo vivere umano: tutto, ma non "vendita da panico". È la prova che spesso, nelle parole, c'è già quello che serve a capire, lo scoprirete anche nei prossimi capitoli (ed è la prova, comunque, che oltre a diventare "sordi", l'irrazionalità può renderci anche "ciechi").
Riflettete sul caso della folla che corre verso l'uscita calpestando e sgomitando il prossimo, perché del fumo si leva dal fondo della sala. Successivamente, si scopre che non era un incendio, ma solo una sigaretta spenta male, peccato che a nessuno fosse venuto in mente di verificare la causa reale.

"Ok, panico!" Vi ricordate la frase lampeggiante che campeggiava nella cabina dell'aereo più pazzo del mondo (è un film, ma non sull'Alitalia)? Dava la stura a un minuto di incredibile follia a bordo. Bene, lì c'era da ridere, ma nella realtà c'è da piangere.
La paura e il panico sono contagiosi: se altri provano panico, per definizione lo proverete anche voi. Ecco perché è necessario che sia una figura autorevole a guidare le scelte: è quello che (con una definizione odiosa e terribile da manuale di uncinetto) si dice "l'esperto".
La figura autorevole possiede l'esperienza per agire con comportamenti razionali di fronte a situazioni critiche. È un necessario, quanto indispensabile, punto di riferimento. Ma non significa che sia infallibile: siamo noi che affidiamo al concetto di autorevolezza ed esperienza la nozione di infallibilità. In verità, c'è una dose di razionalità trasmissibile.

Pubblicamente è meglio? No. E vi spieghiamo il concetto: è noto che ogni decisione annunciata *coram populo* ha più probabilità di essere attuata rispetto alla stessa assunta in forma privata.
Diciamo che siamo abituati a credere che è meglio vivere cento giorni da pecora che uno da leoni. È convenzione, abitudine: le persone hanno paura di essere "diverse" e di non appartenere al gruppo, o di non essere accettate dal gruppo.
Pensate a che cosa succede quando, assumendo una decisione errata al di fuori della consuetudine, venite apostrofati con frasi di circostanza, tipo:

- "Ma chi te l'ha fatto fare?";

- “Ma chi ti credi di essere?”;
- “Ma chi sei tu per fare qualcosa di diverso?”.

Ecco perché nella vita veniamo colpiti con più forza da un errore commesso da chi fa parte della minoranza. Le persone inoltre hanno paura di essere giudicate inattendibili se non compiono un’azione precedentemente comunicata in pubblico, ma sono pronte a disattenderla se la promessa è un fatto privato.

“Chi si somiglia, si piglia.” In finanza, come nella vita, gli effetti sono guidati da questa regola: una volta presa una posizione, andiamo a cercare conferme da chi la pensa come noi, con la tendenza a frequentare solo le persone che ci sono affini per pensieri e convinzioni (anche quando queste fossero errate o indifendibili).
Il problema è che chiunque abbia un pensiero, o abbia preso una decisione, è riluttante a cambiare idea, anche in presenza di prove schiaccianti che dimostrino che sia sbagliata.
Il succo è che, per deliberata scelta, non si affrontano problemi o non si forniscono argomentazioni che potrebbero risultare contrarie, o che possano confutare o smentire pensieri e credenze. Sappiamo bene che chi ha forti contenuti, più che forti convinzioni, non ha problemi ad affrontare tesi contrarie che potrebbero smontare le argomentazioni, tanto che molto spesso, per evitare di essere contraddetti, non si effettuano confronti.
È uno sbaglio: i confronti sono molto utili per evitare il ripetersi di alcuni errori. Non tutti, ma sicuramente quelli si-

stematici, che si ripresentano sempre con le stesse caratteristiche.

Più pecora che lupo. L'uomo è un animale da branco: si sente lupo in compagnia, ma in verità fa spesso la figura (poco autorevole) del pecorone. Motivo per cui trova sicurezza, conforto e appagamento sentendosi parte di qualcosa, sentendosi accettato non tanto per quello che è, ma per il fatto di esserci in mezzo.

In gruppo, è noto, si compiono le azioni più rischiose ed eroiche (stile attacco garibaldino), ma anche quelle più esecrabili (violenze varie: il campionario lo lasciamo alla cronaca nera) e pure, non di rado, quelle più stupide (esemplare lo scandalo delle ragazze dell'Orgettina).

Vi sarà capitato di sentire nominare Leo Longanesi, un intellettuale più spregiudicatamente borghese che destrorso. Diceva: "Non datemi consigli, so sbagliare da solo".

Oggi, però, sarebbe *cettoqualunquista* pensarla così.

Oggi serve trovare, ogni tanto, anche qualche buon consiglio. In fondo, anche la categoria dell'errore si è trasformata: un tempo sbagliare poteva essere considerato un contrattempo individuale; adesso c'è tutto un mondo che – di mestiere – si muove, studia, si informa, cresce, coltiva, ricerca, inventa, controlla, escogita, modella, crea, plasma, trasmette, scrive e agisce con un unico scopo: indurci all'errore. E indurre all'errore il gruppo, in modo che, sbagliando tutti insieme, non ci siano emarginazioni: anche sbagliando si viene accettati, e anzi il nostro errore (da consumatori, da elettori, da investitori) è un'immensa fonte di guadagno.

Capito perché ci vogliono sbagliati e felici?
Per cui, signore e signori, i prossimi capitoli vi faranno riflettere (per un ragionevole arco di attività quotidiane) su quanto sia importante e necessario avere nel guardaroba mentale almeno un paio di mutande di ghisa.

Consigli per tutte le taglie

XXL

Non prendete decisioni importanti quando siete arrabbiati.
Non fate promesse quando siete felici.

XL

Quando gettate l'àncora fate attenzione, perché voi non sarete lontani dal luogo in cui è finita. Se, invece, qualcuno la getta per voi, state attenti e verificate che vicino non ci sia anche una rete da pesca.

L

Quando fate una scelta (soprattutto di natura finanziaria), chiedetevi due volte perché la state compiendo.

M

Quando l'avete fatta, comunque, non dimenticatevi il perché.

S

Se non l'avete fatta, non rimpiangete mai di avere sbagliato non facendola.

XS

E, se l'avete fatta e abitate dalle parti di Arcore, sappiate che per un po' potrete anche fregarvene delle conseguenze. Ma non è detto che sia così per sempre.

Carta vince, **carta perde**

Ci sono cose che non si possono comprare, per tutto il resto c'è Cicciocard, ma perché diamine la usiate anche per quello che non dovreste comprare, resta oggetto di appassionati studi sul paranormale che verranno trattati nella duecentomilionesima puntata di *Voyager*, in onda nel 2480 d.B.* sul canale digitale interstellare di Sky (che con le carte ci sa fare e, nel frattempo, avrà comprato tutto).

Fino a quel momento voi, i vostri eredi e gli eredi dei vostri eredi, per 19 generazioni, userete la Cicciocard senza problemi come ha fatto un sacco di gente con le carte aziendali della RAI, argomento che, non essendo mai stato trattato con giusta causa, ha fatto in modo che nel 2480 Sky (come detto) si sia comprata tutto.

Peccato, perché a guardare bene, già nel 2011 uno avrebbe potuto rendersi conto di come funzionano le cose. Tutti dovremmo prendere come esempio quanto è accaduto alla si-

* d.B. sta per "dopo Berlusconi". Al momento in cui questo libro va in stampa, il Permanente del Consiglio sta lavorando con i suoi legali a un progetto di legge sull'abolizione dell'anno gregoriano, una sorta di "scudo temporale" che impedisca legittimamente la scomparsa del suo nome dai nostri calendari. Naturalmente, per l'eternità. O, almeno fin quando il centrosinistra non vincerà le elezioni con una maggioranza schiacciante (significativa estensione del concetto di eternità).

gnora Katherine Campbell di Sidney. Un giorno si è svegliata con il desiderio di mettere alla prova l'affidabilità della sua banca, così ha richiesto l'ennesima carta di credito a nome del suo gatto e, tempo pochi giorni, se l'è vista recapitare a casa.

Se una morale c'è, è che la carta ormai la danno a cani e porci e, se è per questo, in Australia anche ai gatti. Potreste fare un tentativo anche voi: se si chiama Fuffi, magari se ne accorgono, ma se – niente niente – il certosino l'avete chiamato Oreste (va di moda dar loro certi nomi desueti degli umani: fa VIP), magari ci cascano.

Voi amate la Cicciocard, se poi è d'oro fate peripezie carpali per esibirla in pizzeria, la brandite come fosse il maglio perforante di Goldrake, ne fate una questione di status, di rango. Con quella in mano siete invincibili, siete crema, volete che gli altri vi immaginino tra gli eletti che occupano la prima fila al Forte ostrichette&spritz, mica l'ottava pizza&fichi a Lignano.

Ne fate una questione di stile, ecco.

Adesso non sappiamo bene (o forse non vogliamo ricordare, chissà) chi ha detto che lo stile non dipende da quante strisciate fai con la carta di credito in in un negozio (e, obiettivamente, non dipende nemmeno da quante strisce si faceva nel bagno il genio che ha partorito questa massima di vita), ma sappiamo benissimo qual è lo scompiglio emotivo che vi prende quando una carta di credito, un'altra e un'altra ancora piombano nella vostra esistenza: pensate che avere tante carte equivalga ad avere tanti soldi.

Ma funziona così solo per una piccola parte di voi, verosimilmente per quell'1% che guadagna più di 100.000 euro al-

l'anno o per quei fantasmi che stanno tra i 10 milioni di italiani che non pagano le tasse, ma a Milano parcheggiano il Carrera (ricorre...) il venerdì sera in Largo la Foppa con il contrassegno degli invalidi sparato sul parabrezza, accanto al permesso ZTL e alla *vignette* svizzera.
Per tutto il resto (e gli altri) non c'è Cicciocard, ed è bene che le cose che non si possono comprare restino lì in vetrina in Condotti o Montenapo, che a portarsele via ci pensano i russi per le loro matrioske *unoenovantalacosciaètanta* e i cinesi per le loro squinzie per le quali, con le gambette belle ma sghembe che si ritrovano, il *taccododici* è una sfida alla gravità.
E adesso, abracadabra, senza pensarci più di un secondo rispondete al test: quanti soldi avete nel portafoglio?
Visto? Non lo sapete. E non ve ne frega un cavolo saperlo, perché potete beatamente considerarvi al sicuro e coperti grazie alle vostre tesserine di plastica con banda magnetica, e benedetto chi se l'inventò nel 1949: Frank McNamara.
Successe, come sempre, quando il nume si fa strada tra mille grovigli, per caso: Frank era a cena con alcuni clienti al Major Cabin Grill di New York e, a fine serata, si rese conto di avere lasciato il contante a casa. Risolto, lì per lì, l'imbarazzo con il prestito di un collega, nei giorni successivi la leggenda metropolitana vuole che Frank si facesse una domanda epocale: "Perché la gente deve limitarsi a spendere per quel che porta con sé e non per quel che invece può permettersi?".
Così, insieme a Ralph Schneider e Casey Taylor (bella manica di buongustai) fondò il Diners Club che, per inciso, altro non era che un "club di quelli che vanno a cena".
All'inizio del 1950 Frank pagò ai suoi colleghi il convito serale con una fiammante tesserina di plastica, un gesto desti-

nato a rivoluzionare il mondo come l'invenzione delle scarpe da ginnastica, gli SMS, il microonde, la TV e i surgelati.
Alla fine del 1950 il club contava 20.000 affiliati e la carta era accreditata in un migliaio di ristoranti.
Oltre mezzo secolo dopo sappiamo bene come sia andata a finire ed è chiaro che l'epocale domanda di Frank sia stata stravolta. A quel concetto di opportunità, per cui "la gente può spendere per quel che può permettersi", se n'è aggiunto via via uno estremamente più pericoloso, che travalica i club e le cene in compagnia: la gente può spendere per quel che "pensa" di potersi permettere, non per quel che "sa" con certezza di potersi permettere.
Certa plastica, si sa, fa spesso brutti scherzi. Se la bruci, puzza. Se la sottovaluti, ti brucia lei.

Fare buon Visa a cattivo gioco

Non sono mica nemiche, le carte di credito. Però bisogna conoscerle.
Che siano un'invenzione straordinaria non ci piove, anzi sentite, perché questa è bella: non fu Frank il primo a chiamarle così, ma uno scrittore ottocentesco, Edward Bellamy, passato ai posteri come l'autore di un romanzo di fantascienza *ante litteram* dal titolo *Guardando Indietro, 2000-1887*.
È la storia di Julian West, uno sfigato insonne cronico che si fa curare con l'ipnosi e che rimane addormentato per 113 anni risvegliandosi nella Boston moderna, dove sembra essersi avverato il grande sogno americano del benessere e del-

la felicità. Julian, però, scoprirà presto che la realtà nasconde una sfilza impietosa di cambiali da pagare, che manda in fallimento perfino le banche più importanti (sì, avete letto bene: un timido scrittore americano, pure malato di tisi, sulla malafinanza ha previsto meglio di Nostradamus. Quelli di *Voyager* prendano nota: può essere un'idea realizzabile prima del 2480).

Il romanzo di Bellamy cita le carte di credito per ben otto volte, ma assegna loro una precisa qualità: l'importo è uguale per tutti. E questa sì che è vera fantascienza; il resto, invece, è storia.

Una cronologia che, nel caso italiano, racconta di 78 milioni di carte di pagamento in circolazione dalle Alpi a Lampedusa (su 60 milioni di anime), qualcosa che può essere materialmente immaginato con un peso di 25 tonnellate (di plastica), pari a tre TIR a pieno carico o a due vecchi vagoni dell'Orient Express. Un settore che fa capo a multinazionali come Diners, Si, Visa, Mastercard e American Express: mercato fiorente e decisamente apprezzato dalle banche, visto che nel 2008 l'ABI (Associazione Bancaria Italiana) ha lanciato un appello affinché si incrementi l'utilizzo del denaro di plastica per le transazioni quotidiane. Sarà contenta: nel 2010 sono state registrate circa 600 milioni di operazioni, in pratica 1.600.000 al giorno, 68.500 all'ora, 1,141 al minuto, 19 al secondo.

E il futuro accelera, tanto che anche le cifre di pagamento scendono, a dimostrazione che l'invito del'ABI è stato raccolto. Per carità, va bene, almeno fin quando non vi verrà in mente di entrare nel Guinness battendo il primato di David Ross, il solito americano fissato che c'è entrato per avere usato la carta facendo un rifornimento di benzina del valore di un centesimo di dollaro, l'importo più basso mai strisciato da una macchinetta.

E allora, prendiamo la carta al balzo per darci qualche regola:

- fregatevene dell'ABI e usate la carta di credito solo quando serve facendo in modo che, se ci sono commissioni da pagare, non siano così alte da incidere percentualmente sulla spesa. Ross, per quell'acquisto, dovette versare anche un centesimo di commissione: una bazzecola in termini relativi, ma il 100% in termini assoluti;
- fate in modo che ci sia un "tetto" di spesa e, se vi sembra basso, non prendetela come un affronto alle vostre capacità di sentirvi dei ricconi. Bellamy, nel suo libro, fantasticava su carte che avessero lo stesso importo per tutti e, se detta così sembra una roba da comunisti (comunque già evoluti al rango di vendoliani), concretamente non sarebbe una cattiva idea;
- non snobbate le ricaricabili. Il "tetto", in questo caso, lo fate voi con i soldi che ci mettete. In genere vi costa qualcosa in commissione girare i soldi dal conto alla carta, ma spesso si spuntano (per quel che vale dirlo, anche perché nei fatti conta veramente poco) interessi più alti: cioè tenere i soldi sulla ricaricabile è più conveniente che lasciarli sul conto;
- scegliete una carta che abbia un circuito ampio e diffuso: visto che avete deciso di averla, tanto vale poterla usare;
- ricordate, però, che non è un bancomat: i prelievi sono da evitare il più possibile perché sono considerati "anticipi di contante" e le commissioni sono delle vere e proprie bastonate sulle tibie.

In fin dei conti, sia fatta la sua volontà: usate pure la carta di credito (tanto lo fareste comunque), però con attenzione, parsimonia, prudenza e giudizio.
Un aspetto positivo, innegabile, c'è: riguarda il vantaggio che le carte offrono nel migliorare la gestione personale dei nostri soldi (non dei risparmi, visto che qui si parla di acquisti): le spese lasciano tracce che possono essere seguite con tranquillità, a meno che la carta non sia stata clonata da qualche transilvano con il pallino dei bit e degli scanner (e allora subentra una giustificata apprensione).
Per il resto, però, viva le carte.
A patto che siano coperte.

Rischio incoscienza. C'è, inutile girarci intorno. La dematerializzazione del contante, l'impossibilità di maneggiarlo concretamente e di sfogliare una banconota dopo l'altra, rende difficile una totale presa di coscienza sui vostri acquisti. Il buon Frank, le carte, non le aveva certo inventate per questo, ma nemmeno l'atomo è stato scoperto per spianare Hiroshima.
Immaginate di dover spendere 400 euro per un caldo *monclerino*:

- con la carta, basta una strisciata e via, una firmetta e sei protagonista, arrivederci all'estratto conto, *que sera sera*;
- con il contante, fanno ben otto pezzi da 50, solo a tirarli via diminuiscono peso e gonfiore del portafoglio; poi, pagando, provate a metterli uno sull'altro, dovreste metterci tra i sette e i nove secondi, forse chiederete zelanti e lumaconi alla commessa di ricontarli e il tempo della consapevolezza potrebbe raddoppiare. Scommettiamo che, se

non fosse per la delusione della figlia/moglie/fidanzata a cui l'avete promesso in regalo, quasi quasi potrebbe venirvi il braccino corto?

Rischio dipendenza. Direttamente collegato al paragrafo precedente, con possibili varianti patologiche facilmente accertabili:

- siete messi/messe discretamente se vi concedete il guizzo magnetico una volta ogni tanto;
- siete messi/messe così e così se, avendo in tasca un centinaio di euro, usate comunque la carta per una spesa di 19,72 euro al supermercato sotto casa. State cominciando a perdere contatto con la realtà e inizia a sfuggirvi il valore del denaro. Consiglio: tenete la carta in uno scomparto scomodo del portafoglio;
- siete messi/messe decisamente male se, dopo aver letto *I love shopping* vi immedesimate in Becky Bloomwood. Consiglio: lasciate la carta a casa sotto chiave (e buttate la chiave).

Rischio serialità. Le avete tutte. La Visa perché è la più diffusa; la Si perché non potevate dire di no; la Mastercard perché non potete comprare tutto, ma per tutto il resto c'è lei (e fai un sacco di nuotate ai Caraibi, per spot); la Diners perché ve l'hanno appioppata anni fa e, anche se nessuno se la striscia, è un omaggio al povero Frank; l'American Express perché fa fichissimo averla e l'importante è che quando aprite il soffietto del Gucci spunti almeno l'elmo del condottiero (fischia, ma lo sapete che è greco?).

Per favore, non seguite l'esempio di quel rincoglionito si-

gnore di Miami che di carte ne ha 1.497 (è vero, non è una balla). Di carta ve ne può bastare una.
Per tutto il resto c'è solo speranza (e un giorno, forse, la Cicciocard).

Vorrei, ma non posso. La carta di credito è un'icona della vita moderna. È ormai praticamente impossibile muoversi senza averne almeno una. Sono meravigliosamente comode e, se non si dovessero infilare nel megaportafoglio da *cavalieredellavorograndfigldiputt* le farebbero anche morbide (per fottervi meglio). La "carta", se non si è un acquirente davvero attento, può essere paragonata alla droga. Da *La spinta gentile*, splendido libro di Richard H. Thaler e Cass R. Sunstein, abbiamo estrapolato una serie di dati provenienti dagli Stati Uniti (i cui abitanti su questo tema sono dei veri *movers*, dicono loro, o dei veri malati mentali, diciamo noi).
Il Census Bureau ha reso noto che, nel 2004, erano in circolazione negli Stati Uniti più di 1,4 miliardi di carte di credito, per un totale di 164 milioni di titolari, quindi una media di 8,5 carte di credito per ogni titolare.
Attualmente 115 milioni di persone negli Stati Uniti sulla carta di credito hanno un saldo negativo che si trascinano dietro da un mese all'altro. Nel 1989 la famiglia media statunitense aveva un debito complessivo sulla carta di credito di circa 2.697 dollari; nel 2007 quella cifra era aumentata a circa 8.000 dollari e questi dati, probabilmente, sottovalutano l'entità del problema perché riflettono quanto dichiarato dagli intervistati (che preferiscono non fare la figura dei *buffettari*). Usando i dati della Federal Reserve, alcuni ricer-

catori suggeriscono così che i nuclei familiari statunitensi potrebbero avere sulla carta un debito medio di circa 12.000 dollari.
Dopo queste notizie, è curioso sottolineare che, prima dell'avvento del denaro di plastica, le famiglie erano abituate a utilizzare un sistema di contabilità per cassa e molte avevano barattoli pieni di soldi, destinati a particolari tipi di spesa. E spesso questi barattoli erano di vetro: trasparenza d'altri tempi.

Una gold vi seppellirà

Vi è arrivata a casa una busta, biancolucida, massì di quelle senza francobollo con la finestrella dalla quale spunta il vostro nome e un codice a barre (lo stesso che si trova sulle sottilette, sui libri, su tutto e anche sulle cosce di pollo, solo che in questo caso i polli potreste essere voi).
Sopra c'è scritto: Un'opportunità d'oro solo per lei!
Caratteri aurei in perfetto stile con il messaggio, bell'aspetto, sicuramente più rassicurante delle missive di Equitalia o dei pacchetti all'antrace.
La aprite.
Dentro ci sono tre cose:

1. un pieghevole che promette un sacco di miracoli (extraflessibili) su un prestito da 50.000 euro che voi non avete chiesto, ma che qualcuno vuole comunque concedervi, (forse perché ha visto la sera prima su La7 il ventottesimo riciclo del film *Blues Brothers* e si sente in "missione bontà per conto di Dio");

2. una lettera di presentazione che dice le stesse cose del pieghevole, solo che le dice rivolgendosi a voi per nome (caro Mario, cara Anna, caro Andrea, cara Luigina...), nemmeno fosse l'epistola del parroco. Naturalmente, non dimentica un numero verde, tre o quattro indirizzi per andare a farsi benedire di persona. Prevede, in fondo, il taglio con una forbice per accaparrarsi un prezioso coupon di risposta e, cosa non da poco, è firmata dal direttore commerciale o marketing, con uno scarabocchio da fare invidia a un cubista ubriaco della scuola orfica. I saluti, chiaramente, sono sempre cordiali;

3. una busta preaffrancata diretta a una cassetta postale dentro la quale voi dovreste infilare il coupon firmato.

Bene, tagliatelo pure 'sto cacchio di coupon ma prima, per favore, leggetelo.

Prima riga: "Con la presente informativa il cliente è informato...". Eh? De che? Proseguite riga dopo riga, pazienti perché sono una ventina scritte piccole, piene di mine e si impiega più di quanto ci mettereste a far fuori cinque pagine del "Corriere" o a mangiare un pasto completo – dolce e grappino – in trattoria.

Troverete citate 14 o 15 S.p.A., che si dividono la ciccia del trattamento dei dati personali, della consulenza, dell'assistenza legale e persino dell'imbustamento delle proposte. Davvero troppe per raccapezzarsi.

Ma se vi venisse in mente di riprendere in mano la lettera e voltarla per leggere la "distinta" sul retro, c'è da finire ai matti: è uno slalom tra garanti, privacy, centrali rischi, *credit scoring*, riferimenti a codici deontologici, garanti e gazzette ufficiali.

Sapete quanti indirizzi diversi riuscireste a trovare in una pagina così? Almeno una dozzina, scritti in caratteri così impercettibili da affaticare anche la cornea.
Arrivati a questo punto, però, avrete scoperto che a scrivervi non è stato il parroco e avrete preso coscienza di uno dei sistemi più perversi (e immateriali) con cui, senza alcun contatto umano, senza sforzo, senza uno straccio di sbattimento, vi si presenta a casa la più fantastica e straordinaria delle opportunità di indebitamento.
Straordinaria, ma non per voi.

C'è festa per te. Altro che la posta di Maria, quanto vi viene proposto va oltre: è la realizzazione dei sogni. Capirete perché le pubblicità di certe carte, alle quali si legano certi prestiti, dipingono famiglie felici su un sofà fiammante; single impenitenti in sella a una moto; pupe capelli al vento alla guida di bellissime spider; ex bamboccioni e bamboccione finalmente in coppia che, chissà perché, hanno sempre l'elmetto da cantiere in testa, un metro in mano e una scaletta appoggiata alla parete di una sfavillante casetta piccina picciò.
Sappiate che tutto questo, traendo lo spunto concreto dal pieghevole della nostra storiella, vi costerà comunque un "TAEG 15,10% max" fino a 180 mesi, cioè 15 volte più di quanto possiate mai incassare da un Bot, e sette-otto volte quei succulenti interessi che, come cagnetti *beagle* impazziti dopo una caccia alla volpe, vi portereste a casa (comunque impazziti) dopo la vostra caccia al "duenetto" (se non vi è chiaro, andate a pagina 161). E dite un po', adesso, se vi sembra un regalo.

Lo volete un esempio di mercato, tanto per scendere dal pero? La Grecia, nel momento peggiore della sua crisi da baccanale finito a schifio, pagava l'11% di interessi ai sottoscrittori dei suoi bond; una società finanziaria (di quelle importanti, mica la classica *centrofinvattelappescachiamareoreufficio* che mette lo strillino sugli annunci di "Porta Portese" e "Secondamano") si fida così tanto di voi, e apprezza talmente le vostre capacità di debitori solventi, che vi chiede il pagamento periodico di quattro-cinque punti percentuali di interessi in più, rispetto a quelli offerti dagli zombie di Atene per convincere i cinici e i folli a credere in loro. Capito dov'è la festa?

***Revolving*, arma impropria?** Il punto interrogativo l'abbiamo messo perché, con la formula dubitativa, quelli dell'Assofin s'incarogniranno meno e non manderanno letteracce (solo i coupon), giurando che la realtà è diversa.

In effetti, la realtà è sempre diversa, perché tutto dipende da chi la osserva: chi confida che la carta *revolving* risolverà i suoi problemi d'acquisto emulando i vicini di casa – che hanno la TV nuova, il forno nuovo, la macchina nuova – e poi però si schianta con le rate, non può pensarla come chi le *revolving* le spaccia.

Più precisamente, c'è uno scontro tra due forze (due visioni del mondo), che si possono esemplificare così:

- il felice possessore ha comprato un frigo doppia anta con triplo dispenser per le bibite e spara ghiaccio incorporato, spalmandone il costo su sei anni (che se si comprava un iceberg – con orsi e trichechi – in Groenlandia, lo pagava meno) ed è ragionevolmente portato a credere che sia merito della carta;

- il felice spacciatore di carte ha pompato molto il marketing, ha acquistato ridente pubblicità su giornali e TV nazionali, poi ha sottilmente lasciato che molti assorbissero un concetto, e cioè che la carta *revolving* è una carta di credito.

Sbagliato: rispetto a una carta a saldo classica, dove l'addebito degli acquisti avviene in un'unica soluzione sul conto corrente (in genere, nello spazio di un mese), la *revolving* è caratterizzata dalla rateizzazione del saldo (ecco perché potete trascinarvi l'acquisto di un fantafrigo per anni) e, tecnicamente, è un vero e proprio strumento di finanziamento.
Vogliamo dirlo con parole semplici? Produce debito. (E se è "gold", sempre debito resta, perché se mai un giorno dovessero regalarvi un chilo di fango, infiocchettato però in una scatola d'oro, sempre fango rimane.) Motivo per il quale nessuno che abbia un po' di sale in zucca può aspettarsi che, chi trae vantaggi dai nostri debiti ci dia anche una mano a estinguerli.

Non incartatevi troppo. Come sempre, non è cattivo lo strumento in sé, ma può esserlo l'uso che se ne fa, soprattutto quando viviamo in un sistema che preme perché noi tutti facciamo qualcosa che risponda ai desideri del sistema, più che ai nostri. Apparentemente coincidono, ma nei fatti siamo stati abituati a spendere più di quel che abbiamo; a desiderare quel che non sarebbe opportuno avere; ad acquistare ciò che non è vitale. Renato Zero cantava: "... avere tanti soldi che gioia, senza problemi vivrei". Invece, di soldi ne abbiamo sempre meno. E a fregarci è, soprattutto, l'illusione di averne a disposizione più di quelli che abbiamo in realtà.

I nostri acquisti a debito (mutui compresi) e quelli a saldo, dematerializzati, sono stati alla base del successo finanziario e bancario degli ultimi anni, un meccanismo ruffiano e rampante che poi ha finito per devastare conti pubblici e privati, famiglie e Stati. È ciò che, convenzionalmente, tutti oggi chiamano "crisi".

Prendere in prestito denaro e spenderlo in modo facile, apparentemente indolore ma sicuramente con scarsa consapevolezza, è stato un modo per accrescere gli affari degli altri, non certo i nostri. Una festa che si è rivelata utile per palazzinari e produttori di qualsiasi bene di consumo e, in modo particolare, per chi offre servizi finanziari di qualunque genere (che fanno da sponda a palazzinari e produttori di qualsiasi bene di consumo... È chiaro il giro del fumo?).

Se non ve ne siete accorti ancora, la corsa all'acquisto (a credito o a debito, poco importa a questo punto) ci ha impedito di risparmiare. Ed è il peggiore affronto che ci potessero fare, è un'aggressione continua dalla quale dobbiamo tentare di difenderci con l'unica arma che resta: il buon senso.

Quindi, quanto alle carte *revolving*, che incarnano alla perfezione molti dei difetti della nostra epoca, fate attenzione.

Più stalking, che marketing. Vi arrivano a casa automaticamente dopo la firma di un contratto di credito al consumo (per l'acquisto di un'auto, per esempio). Si tratta di una tecnica commerciale di vendita violenta, legale, ma violenta. Non l'avete chiesta, ma vi arriva; non la volevate, ma ve la tirano dietro; non l'avreste calcolata, ma vogliono fidanzarla con il vostro portafoglio. Come carta, si comporta proprio da stalker.

Il rischio regalo. Che, nel caso delle *revolving*, si aggiunge agli altri tre già validi per le carte di credito (dipendenza, incoscienza, serialità). Il fatto che vi piombi in casa senza una vostra espressa richiesta, con la semplicità di un invito all'inaugurazione del nuovo tempio pagano dell'Ikea, vi rende più indifesi e meno sospettosi: vi sentite destinatari di una carezza imprevista, di un interesse inatteso (e state certi che, poi, l'interesse, calcolato in tassi e non certo in carezze, arriva); vi credete al centro di un'attenzione da parte di qualcuno di importante che vuole farvi entrare in un club, magari esclusivo come quello delle "gold". E nel momento in cui dite: "Ma guarda, mi hanno regalato una carta", siete già trippa per gatti.

Miracoli di carta

Sembra che la carta di credito sia la compagna più fedele delle vostre scorribande compulsive su Internet: in Italia nel 2009, secondo uno studio del Politecnico di Milano, le transazioni per l'e-commerce hanno raggiunto un valore di 6.5 miliardi di euro. Si tratta di viaggi nella maggior parte dei casi, non mancano articoli di abbigliamento, e c'è una minoranza di oggetti decisamente curiosi che possono essere comprati solo così. Non c'è dubbio che i più bizzarri siano passati attraverso eBay: si fa certo notare l'acquisto di un toast al formaggio bruciacchiato la cui crosta mostrerebbe un'immagine della Vergine Maria (venduto per 28.000 dollari), così come non è da meno una macchina fotografica appartenuta a un agente segreto del MI6 britannico e contenente dati e informazioni top-secret su presunti terroristi (battuta per 31 dollari, bel colpo), fino ad arrivare alla gomma masticata da Britney Spears e raccolta da terra da un fan più affarista che schifiltoso: un gesto ripugnante del valore di 263 dollari.

Firma a mano ferma. Prudenza sul contratto: le condizioni non devono mai essere troppo generiche e non basta firmarle con una Montblanc per renderle più prestigiose. Peraltro, anche se siete voi a rispondere, apparentemente, a un'offerta piovuta dal cielo, il contratto è messo in modo da tale da farvi diventare "proponenti" nel preciso istante in cui vergate il foglio. Un salto di carreggiata che ha un effetto legale immediato: tutto quello che firmate da quel momento diventa vincolante, perché siete stati voi come proponenti a chiederlo. Chiaro il trucchetto?

L'assonanza con il termine *revolver* non sembra più così casuale ed è ragionevole immaginare che non esistano *revolving* a salve. Esiste però una regola "gold" semplice semplice che vi permette di disinnescarle: anche se ve le ritrovate a casa, nessuno vi obbliga a usarle:

- potete farle a pezzi e tenervele come un piccolo trofeo (un po' necrofila, come scena; ma se ne spargete un pezzetto qua e là, magari non dimenticate chi siete);
- potete farle a pezzi e rispedirgliele in busta chiusa (e usate, per sfregio, quella preaffrancata con cui vi hanno *stalkato*): sappiate che questa è la versione legalmente raccomandata.

Una volta letto, sottoscritto e memorizzato questo paragrafo, ricordate almeno una cosa: avere tante carte non significa avere tanti soldi. Anzi, spesso significa essere spinti a spendere più di quel che si ha per possedere quello che non serve.
(E comunque, per tutto il resto, c'è Cicciocard.)

Consigli per tutte le taglie

XXL

Occhio alle *revolving revolver*: se le conosci le eviti. E, se le eviti, non fai la figura del pistola.

XL

Cliente solvente significa cliente che paga.
Cliente insolvente significa cliente che non paga.
Ma cliente e basta, in credito e finanza, non significa niente.

L

La rata mensile minima è stata inventata per fare in modo che quel bel televisore a LED full HD da 40 pollici e 2.000 euro di prezzo possa essere rimborsato a un ritmo tale da fare in modo che, quando il mondo sarà passato dal digitale all'interstellare a quattro dimensioni, voi non avrete ancora finito di pagarlo.

M

La possibile esistenza di una carta di credito è stata citata per la prima volta in un libro di fantascienza di fine Ottocento. La sua effettiva esistenza è stata accertata sulla Terra molti anni più tardi, perché la realtà supera sempre l'immaginazione. E lascia in giro un sacco di debiti.

S

Tagliate la *revolving* in pezzi piccoli (*small*) e rispeditela in busta chiusa a chi ve l'ha mandata.

XS

Nella busta, volendo, potete aggiungere una fetta di salame (*extrasmall*) con una dicitura tipo: Volevate mangiarvi tutto? Intanto, mangiatevi questa. (In romanesco suonerebbe anche meglio: *Ve volevate magna' tutto? Mo' magnateve questa*!)

L'invasione **degli ultramarket**

Certe cose orientano le nostre vite, ce le portiamo a spasso per più tempo di quello che passiamo in chiesa, ma non siamo abituati a dar loro né una storia né un senso né un'anima. Perché, per l'appunto, sono cose.
Noi italiani, che siamo devoti al genio di Leonardo (convinti che senza di lui non avremmo elicotteri e *Freccerosse*), non abbiamo mai sentito nominare Sylvan Nathan Goldman.
A parte la vaga omonimia con il mago di "*Simsalabim* e la bionda non c'è più", questo signore è importante per ben altre magie, nonostante sia nato e cresciuto in posto sfigato come Oklahoma City, dove ti fanno visitare con orgoglio il nuovo stadio del baseball come fossero gli Uffizi.
Difficile dire se dobbiamo essergli grati o mandargliene dietro quattro, ma una cosa è certa: la sua invenzione è diventata, con il tempo, quasi un'estensione dei nostri arti, un'appendice del nostro essere e, soprattutto, un misuratore del nostro avere.
Tutto questo è successo perché Sylvan Nathan Goldman, il 4 giugno del 1937, ebbe la brillante idea di inventare e introdurre nel suo negozio il *caddie,* successivamente battezzato come *shopping cart*. Insomma: il carrello.

L'esordio fu difficile: alle signore ricordava un passeggino per bambini e quindi il solo sfiorarlo dava agli uomini l'impressione di vedere menomata la loro immagine virile (stiamo parlando di un'epoca in cui si usciva per la *main street* con il Bogart in testa, anche tra i cactus e con il solleone).
L'iniziale stordimento durò poco: gli americani saranno pure bacchettoni, ma sanno riconoscere l'utilità con la stessa rapidità grazie alla quale tostano le salamelle sul barbecue, per cui il carrello divenne uno degli strumenti che, anche visivamente, diedero inizio alla più radicale e travolgente trasformazione del sistema commerciale statunitense (e non solo).
Per intenderci: mentre loro facevano la spesa con il *caddie*, da noi servivano le tessere annonarie per ritirare lo zucchero e la pasta. E, per intenderci ancora meglio, quando le nostre nonne dovevano ripassare il giorno seguente per lo zucchero, al di là dell'oceano, in lande desolate (dove sopravvivono anche senza Uffizi), intraprendenti negozianti cominciavano a ragionare sulle loro vetrine, creavano percorsi all'interno dei loro *store*, costruivano scaffali speciali per mettere in risalto alcune merci rispetto ad altre, studiavano l'illuminazione e i colori, introducevano la musica di sottofondo e inventavano campagne pubblicitarie perché fosse chiaro che lo shopping si trasformava in un'esperienza sensoriale da *Sabato del villaggio*.
E così che, "in sul calar del sole", nacque il marketing.
Scienza abbastanza esatta che, alla lunga, ha generato esperti in ogni angolo del mondo con ruoli dal sapore vagamente medianico dietro le quinte di supermercati, call center e mille altri posti dove il mercato trionfa. Perché il nostro modo di comprare, il nostro quotidiano esercizio di portarci in gi-

ro un carrello tra i canyon dei parchi della *Giddiò* (sta per Grande Distribuzione Organizzata), è una delle attività umane più osservate, studiate e controllate. Questo, sia beninteso, in una prima fase, visto che nella seconda gli ultramarket puntano a orientare, pilotare e deviare il nostro carrello che – un po' come gli husky tanto belli, quanto babbei (detto con simpatia per chi è geneticamente condannato a tirare una slitta) – va esattamente dove lo porta il marketing e non dove vogliamo noi.

Ora vi è forse più chiaro che fare la spesa è tutto, tranne un'attività innocua. Dietro c'è un sistema che vanta più ricercatori di quelli che da Enrico Fermi in poi si sono messi al servizio dell'atomo, e tutti con una missione: ragionare sulla scatola più che sul contenuto, sulla forma più che sulla sostanza. Aristotele – quando in Grecia non truccavano ancora i conti pubblici – diceva che la sostanza è l'unione di forma e materia. Non prendetevela se, qualche secolo più tardi, molti hanno deciso che è più importante la scatola.

Nelle prossime pagine cercheremo di romperne qualcuna svelando piccoli segreti che i supermercanti in fiera non vi riveleranno mai.

Salite sul carrello dei vincitori

Ma prima, per favore, lavatevi le mani perché il piacere di fare la spesa è un esercizio *biohazard*. Dovrebbero metterci sopra il triangolo del rischio batteriologico, visto che il carrello ospita più coliformi fecali della tavoletta del cesso. Passaggi di verdure non lavate, resti di carni e salumi decomposti, culi di bottiglie che prima di arrivare agli scaffali hanno fatto tappa in magazzini lustri come un garage di Mumbai. E mani zozze: gente che si netta il nasino con il mignolino scovolino, signore che solo cinque minuti prima hanno cambiato il salvaslip dei loro giorni delicati, signori che sgrullano senza la delicatezza di una successiva abluzione.

Ora che avete capito senso e subliminalità dell'unico, vero marketing "virale", considerate anche che tutto questo, in fondo, è un nonnulla, un piccolo scherzo (del cavolo) della natura in confronto a quello che scientificamente gli ultramarket studiano per farvi fare la figura fessa degli husky (trainerete un carrello anziché una slitta) e lobotomizzarvi tra carte fedeltà, tre-per-due, quattro-per-tre, saldi, offerte promozionali, prezzi bloccati, sconti famiglia, formule single, sottocosto, low cost, viaggi premio e lotterie.

Una partita che si gioca con la testa, con la pancia, con le tasche, ma soprattutto con gli occhi.

Per questo partiamo dalla regola che governa la ricerca e le persuasioni degli ultramarket nei nostri confronti.

Più vedi, più compri. Sì, cari, le cose a volte inutili, ma sicuramente costose, ve le piazzano in bella mostra all'inizio o alla fine delle corsie dove anche il carrello di Alonso farebbe un pit stop. Li chiamano "prodotti ad alto profitto" e sono lì per farvi gorgogliare lo spirito e invogliarvi allo shopping, senza contare che spesso è lo stesso spazio usato per le promozioni. Fate molta attenzione:

- giocano sugli automatismi della vostra memoria (da

husky...), quindi controllate che gli articoli in offerta di qualche giorno prima lo siano ancora;

▶ è matematico: in questa zona troverete quasi sicuramente cioccolata di marca che attenta al velopendulo dei vostri acquisti compulsivi. A meno che non vi serva davvero per alleviare piccole turbe affettive, ignoratela;

▶ sono più bravi di voi comunque, è il loro mestiere. Pensate che una grande azienda di cartoleria per lanciare i suoi pastelli vende le scatole grandi al prezzo di quelle piccole per buona parte dell'anno, poi nei giorni del *back to school* vende le scatole piccole al prezzo di quelle grandi, quelle grandi praticamente spariscono e voi siete obbligati a comprare più scatole piccole e spenderete il triplo. Per cui, con giudizio, programmate gli acquisti, sempre con giudizio approfittate delle offerte ed evitate quell'immediatezza nell'acquisto, gingillo e gioia dei fatturati degli ultramarket;

▶ si calcola che le persone comprino il 30% di prodotti in più se sono esposti all'inizio delle corsie perché convinte che lì si trova l'affare. Onestamente, sarebbe già un grande risultato (per un husky) se questa percentuale per voi si riducesse al 25%. E non vi sembri poco: tra tavolette di nocciolato, mostarde esotiche, polpe di granchio, tacos e analcolici freezer che costano un botto, quel 5% risparmiato vale un paio di centoni all'anno.

Pensateci.

Percorso di guerra. Insomma, proprio guerra magari no, però tenete conto che alla fine sarà sempre il vostro portafoglio a rimanere malconcio sul campo. Difficile accorgersene, ma il percorso in un grande supermercato è sempre obbligato e noi camminiamo seguendo un itinerario programmato da un software che tiene conto di due accorgimenti. Il primo, facile: la disposizione degli scaffali (alla naja sarebbe stato uno slalom tra filo spinato e sacchi di sabbia); il secondo, più raffinato, psicologico: la soddisfazione dei nostri bisogni primari, in sostanza la ricerca di pane, pasta, latte, frutta e verdura.

Potete fregarvene, ma è giusto sapere che chi se ne frega, in media, si ritrova nel carrello il 60% di prodotti in più rispetto a quelli che aveva previsto sulla lista della spesa. Consiglio:

▶ cominciate il giro dalle saponette (e anche se vi chinate a raccoglierle, ora avete le vostre mutande di ghisa);

▶ fate gli husky, stavolta fino in fondo: disobbedite. Se i cervelloni mettono i savoiardi del forno di Zepponami a livello delle scarpe e riempiono il vostro spazio visivo con i frollini alla segatura macinata dai mulini, speriamo che vi dobbiate allacciare una stringa, perché i miracoli al super arrivano spesso dal basso (dove, per completezza di informazione, vengono disposti anche i prodotti che "fanno bene" alla salute).

Bambini a casa. Impossibile. In ogni caso sappiate che:

▶ le scatole di biscotti e cereali stampate con le figure di mostriciattoli, anatre, mici e coniglietti (dipende dalla moda del momento) sono inesorabilmente posizionate alla loro altezza, più o meno a portata di mano (anzi, manina: dai 18 mesi sono ufficialmente compresi nella categoria degli acquirenti, baby ma potenzialmente compulsivi);

▶ gomme, caramelle, ovetti e pile sono strategicamente sistemati a due spanne dalle casse. Per i primi tre mettete poi in conto i dentisti, ma non fate mangiare al pargolo il resto.

Ed è l'unico consiglio plausibile, visto che i primi a cedere sui carboidrati sarete voi.

Non fatevi fare a fette. Reparto del fresco, interno giorno. Cosce di pollo, tris di salumi, lattughino e macedonie: tutto offerto in vaschette, perfettamente tagliato (a volte anche condito e marinato) e pronto all'uso. Tornate a casa, basta togliere l'incarto *et voilà*, basta un giro di microonde se serve, oppure tutto è già formattato per andare dritto sul piatto.
Voi, però, resettate un momento: gli scienziati alimentari, almeno nel caso dell'ortofrutta, dicono che in questo modo cresce il consumo di prodotti sani che altrimenti, per la nostra pigrizia, resterebbero a marcire sullo scaffale (avete presente? Sciacquare il songino, magari con l'amuchina per stare sicuri, poi asciugare... che palle).
Senza impegno, però, vi invitiamo a vedere quanto costa il servizio di taglio. Confrontate il prezzo al chilo del "mangi in mano" con quello del prodotto grezzo: a volte è più del doppio. Se uno ci pensa bene, è assurdo: a meno che non abbiate portato i coltelli al banco dei pegni, e non siate stati fulminati dal gomito del tennista, siete geneticamente predisposti a fare lo stesso dei nostri antenati delle caverne che avevano le scaglie di silice, altro che l'inox. Direte: ma il servizio è utile. Certo, e dà anche un senso concreto ai costi del progresso.

Tre per due? Uno e mazzo... Non sappiamo resistere: il "paghi due e prendi tre" è manna per la nostra quarta settimana. Vero: i tempi impongono grande pragmatismo, soprat-

Autodiagnosi per la "suina" da shopping

L'esordio dei sintomi avviene con sottile sudorazione alle mani che diventano incapaci di qualsiasi controllo nei pressi di abiti firmati; borse di Prada, Gucci e Vuitton; scarpe con il *taccododici* e stivali con la zeppa; creme anti-age prodotte con il genoma delle renne lunari (surreale metafora); gioielli preziosi; bigiotteria costosa come i gioielli preziosi; palmari, telefonini, computer portatili. Se al primo sintomo seguono la palpitazione cardiaca, l'estasi vocale (sintetizzabile spesso in gridolini stile chihuahua) o un più maschio irrigidimento della mascella ("Lo voglio e basta"), successivamente completati da un indomabile acquisto – possibilmente con carta di credito gold, platino e business – nessun dubbio: l'avete presa.

A questo punto avete due possibilità:

◆ fregarvene, ma solo se siete emiri del Dubai, vi chiamate Wang e fate affari a Shanghai, oppure siete magnati russi dell'acciaio;

◆ preoccuparvi, e molto, se il denaro che spendete nel vostro shopping compulsivo è superiore alle vostre possibilità. In questo caso, dovete stare attenti:

- quando gli acquisti inutili si ripetono più volte alla settimana;
- quando perdono il loro valore: cioè comprate tanto per comprare, che sia un prosciutto tirolese o un lettore DVD è lo stesso;
- quando, anche in seguito a un acquisto desiderato, siete infelici;
- quando, in mancanza dell'acquisto, vi sentite frustrati.

Per quanto riguarda gli oggetti, se le donne preferiscono i capi di abbigliamento, gli uomini puntano ai simboli di potere, come i gingilli tecnologici. Si tratta di vere e proprie dipendenze per le quali servono professionisti e, conseguentemente, molti soldi per permetterseli. In mancanza dei primi e dei secondi, fatevi accompagnare da qualche conoscente, purché abbia licenza di prendervi a sganassoni.

tutto nelle famiglie numerose. Purtroppo, però, gli ultramarketing degli ultramarket sanno bene che qualunque numero metteranno accanto a un'offerta, a una promozione o a un lancio, provocherà fatalmente tempeste nei nostri neuroni che ci spingeranno a comprare il 30% in più di quel prodotto rispetto alle nostre intenzioni.
Consumeremo di più e, inoltre, mangeremo di più, perché arrivato a casa, ospitato nella quiete della dispensa come uno di famiglia, diremo che "è un peccato buttarlo".
Resistete così:

▶ memorizzate i prezzi: alla fanfara delle promozioni deve corrispondere un effettivo risparmio, altrimenti il prodotto in più che acquistate è un favore che voi fate a loro e non il contrario;

▶ pensate alla qualità: comprare, per esempio, un litro di shampoo che non avreste mai preso a botta secca, solo perché costa poco, potrebbe avere effetti transitori per il risparmio, ma rischiosi (e duraturi) per i vostri preziosi follicoli;

▶ tenete anche conto di uno dei trucchi più frequenti: piazzano l'offerta che interessa loro, magari poco vantaggiosa, in mezzo a tante altre molto più vantaggiose. Scegliete bene nel mazzo: non tutte le carte che vi offrono sono assi, ci sono spesso molti due di picche.

Quel frullatore sarà mio. Questa la sapete già, ma è come le sigarette per chi fuma o la parmigiana straunta per le buone forchette: fa male, *ecchissene*; ingrassa, ma me la *magno* uguale. Ecco: sapete perfettamente che le raccolte a punti sono uno specchietto per le allodole (voi ora allodole, non più husky) e con l'obiettivo di fidelizzarvi (cioè rendervi fedeli, così siete di nuovo husky) puntano in verità:

- a farvi acquistare più che il superfluo, l'inutile, che però vi permette di raccogliere tanti punti o bollini palloncino. In sostanza avrete speso denaro per qualcosa che non serve, ma avrete contribuito al fatturato di una marca che, probabilmente, aveva individuato nel prodotto regala-punti uno dei più sfigati al momento nel suo campionario e ne aveva venduto sottocosto uno stock enorme all'ultramarket che non lo vuole sul groppone (occhio: se sono alimentari, le scadenze potrebbero essere vicine; se non sono alimentari, il modello potrebbe essere fuori moda);
- a darvi un obiettivo di lungo periodo. Se, malaugurata ipotesi, siete lievemente compulsivi, il miraggio di portarvi a casa un cardiofrequenzimetro da jogging con 35.000 punti più 10 euro alla cassa potrebbe diventare per voi una ragione di vita (anche se l'ultima volta che avete fatto una corsa è stato alle medie perché la prof di ginnastica si era messa in testa che dovevate fare i giochi della gioventù).

Dunque:

- ragionate innanzitutto sull'offerta. A parte la montagna di punti, 10 euro per un contabattiti? Ma perché, secondo voi quanto costa all'ultramarket?

▶ una volta razionalizzato che non solo non ve lo regalano, ma glielo pagate un paio di volte (anche cinque o sei se è cinese), evitate di optare per il phon a ioni ammorbidenti, e non vi venga in mente di mettere nel mirino il rampichino di finta grafite o il tapis roulant: il primo resterà in cantina e il secondo non prevede né l'ucraina né il tronista che ci saltellano sopra nel catalogo come optional.

A questo punto, dato che l'acquolina per il megafrullatore è la più dura da sedare, cedete: smenateci quei 60-70.000 punti ananas, anzi oggi scendete al super e fate la spesa per le prossime settimane, così vi mettete in saccoccia gli ultimi punti, ché la raccolta sta scadendo.
Sappiate, comunque, che dei vostri desideri se ne frullano.
(Comunque, detto fra noi, niente male il servizio di posate da 24 coperti con i manici in finto bambù: 90.000 punti e 30 euro cash. E il secchiello da champagne in silver per il Tavernello, ne vogliamo parlare?)

Ti tiro un pacco (in technicolor)

C'è chi lo dice con i fiori, chi con i colori e non è poi che le cose siano così lontane. Tutto sommato la confezione di un prodotto è la sua espressione più evidente, per cui deve convincervi, emozionarvi, catalizzare il vostro interesse, scatenarvi impulsi primordiali – bestiali o materni – e deve arrivarvi al cuore, alla testa o alla pancia: dove non importa, l'importante è che vi arrivi in qualche modo ("in" testa) e basta.

Se aprite un qualunque volume dedicato a questa grande branca del raggiro delle nostre percezioni, troverete conferma di quello che infatti è: un raggiro.
Il *packaging* (così lo chiamano, perché se lo chiamassero "teoria e pratica del pacco" sembrerebbe il seguito del film di Nanny Loy) deve essere "capace di produrre *effetti di senso* determinati, attraverso le componenti materiche, formali e verbo-figurali".
In tutto questo, i colori svolgono una funzione fondamentale.

ROSSO. Attrae (non solo i comunisti). È la tinta unisex dell'energia, piace ai giovani e in certe tonalità più scure conferisce eleganza al prodotto. Sommato a colori forti di contrasto come il bianco, fa venire in mente ordine e pulizia. Ora sapete perché di questo binomio gli Stati Uniti hanno fatto ampio sfoggio sulle righe orizzontali della loro bandiera (c'è anche nella nostra, ma i cispadani che la inventarono nel 1797 non sapevano un tubo di marketing...).
PS: noi abbiamo scelto il rosso per la copertina semplicemente perché si vede meglio, pensa un po'...

VERDE. Che cosa fai al semaforo? Passi. E infatti questo è il colore dell'approvazione e del permesso. Abusatissimo, perché a livello subliminale rassicura sulla qualità del prodotto. Molto amato dalla cosmetica ma anche da alcuni alimentari, soprattutto quelli soggetti a molti controlli: surgelati, carni, fresco in genere. Ora che lo sapete, controllatevi (per non restare al verde).

IL POCABOLARIO DEL MARKETING

Un po' perché non si possono mettere tutti, un po' perché certe cose si evolvono come i Pokémon, il vocabolario seguente elenca solo una piccola parte dei termini alla base del sistema che la Grande Distribuzione Organizzata ha messo in piedi per non farci capire come ci intorta. In perfetta linea con i sotterfugi anglosassoni di certe locuzioni finanziarie, gli ultramarket sono convinti che meno ne capiamo meglio è per loro. (Continueranno a beffarci, ma almeno impariamo a subire con stile.)

ACQUISTO D'IMPULSO. È l'acquisto che non avete programmato. Infatti fa parte della programmazione serale delle principali reti nazionali che voi assorbite come trote in pantofole.

AREA NIELSEN. Visto che non gli piaceva dividerci per regioni, ci hanno diviso per aree d'acquisto e ricchezza. Con Nielsen i sondaggi li vuol lavare lui...

BAR CODE. Codice a barre: dice con esattezza che prodotto è, chi lo fa, dove e come. Secondo qualcuno nasconde simboli massonici, ma in questi anni pare abbia saputo nascondere benissimo merci prodotte ovunque, tranne che nel Paese del codice.

BRAND. È la marca. Se incontrate qualcuno che vi parla della "forza del brand" *(... brènd)*, cambiate strada: è cugino di quello che in banca parla dello *sprèd.*

BRIEFING. Sempre loro: dire riunione fa terrone. Perciò dicono *briefing*: fa molto *Milanoradipuntaporcatroianontrovountaxi.* In genere, comunque, sono nati a sud di Eboli dove si era fermato *unofamosochenonavevatrovatountaxi...*

BUDGET. Obiettivo di vendita e previsione dei costi di esercizio. "Sono andato fuori budget", cioè rischio il posto. A meno che si tratti di amministrazioni pubbliche e allora sono esclusivamente cazzi dei contribuenti come capita da secoli.

BUYER. Sono gli incaricati dell'acquisto. Si pronuncia *bàier,* ma l'aspirina non c'entra.

CAMPAGNA DI VENDITA. Azione mirata a spingere un prodotto su una zona e su una clientela. A volte lo spingono così tanto che, cadendo, lascia un segno sul vostro portafoglio.

CASH AND CARRY. Grandi magazzini organizzati come self service aperti solo a chi ha la partita IVA. Questo sabato me la presti, vero?

CATERING. Il trionfo dei ravioli in salsa rosa, del grana alla salvia e dei gamberi sudati. Nessun errore: basta mettere tutto sullo stesso piatto e al rinfresco la cucina diventa automaticamente creativa.

CONSUMER. Consumatore.

CONSUMER ORIENTED. Orientato a fottere il consumatore.

CUSTOMER SATISFACTION. Letteralmente significa "soddisfazione del cliente". Cioè, funziona così: possono rifilarvi anche la *monnezza*, ma se non ve ne rendete conto sarete comunque molto soddisfatti. Poi faranno anche un sondaggio e voi metterete un sacco di crocette in cui dite che siete molto soddisfatti. Qualcuno di voi, invece, si accorgerà del trucco e chiamerà il numero verde, se avrà fortuna gli risponderà una signorina gentile che gli chiederà di scrivere alla casella postale, utilizzando l'apposito modulo sul retro della confezione. "Ma l'ho buttata..."; "Non so che dire, allora dovrebbe ricomprarne una." Capito?

DEALER. L'intermediario. Nel settore auto è il concessionario. In genere è in questa fase che si forma la cresta.

DIRECT MARKETING. È una tecnica che attraverso mail, posta e telefonate cerca un rapporto diretto con voi. Il risultato di queste operazioni determina un grado di risposta (negativa o positiva) che gli esperti chiamano *redemption*. È provato, comunque, che nessuno per questo finisce in paradiso.

DISCOUNT. Esercizio che pratica sconti in modo continuativo senza dare molto spazio alle marche, che vengono spesso rimpiazzate con prodotti apolidi con un codice a barre, che è meglio non imparare a leggere. Utile per arrivare senza danni alla quarta settimana, ma in certi casi è meglio non rischiare che sia l'ultima...

DUMPING. Politica di prezzo aggressiva con cui si invade il mercato di articoli sottocosto per acchiappare la clientela. In Cina sanno come si fa.

FEDELTÀ. Nel caso dei consumatori è l'abituale preferenza data a una marca o a una merce. Nel caso delle relazioni umane è una merce rara.

FOOD. Cibo. La categoria dei generi alimentari. Ditelo alle suocere...

FRANCHISING. Formula distributiva in cui il titolare di un marchio ne concede lo sfruttamento a uno di noi, in cambio del pagamento di un compenso, dell'acquisto dell'arredamento del negozio e di un certo quantitativo di prodotto. Una buona idea per iniziare a fare i commercianti con l'identità altrui.

IPERMERCATO. Sabato del villaggio con superficie coperta non inferiore ai 2.500 metri quadrati.

JOINT VENTURE. Sinergia tra due imprese perché una delle due si salvi.
JUNK FOODS. Cibo scadente dannoso per la salute. Praticamente quasi tutto quello che si vende ai distributori automatici e che poi ricomprate al supermercato, perché avete scoperto che c'è anche alla paprika.
LEADER DI MERCATO. Non si parla di voi.
MARCA. Nome, simbolo, logotipo che identifica un'azienda.
MARCHIO. Parte della marca che identifica un prodotto.
MARKETING. Insieme degli strumenti (trucchi compresi) utilizzati in qualche miliardo di modi per farvi identificare con i due concetti precedenti.
MARKETING MIX. Uso combinato dei fattori di marketing con prezzo, promozioni, distribuzione e pubblicità. Difficile uscirne sani e saldi.
MARKET SHARE. Quota di mercato. È per questa che si scannano.
OUTLET. L'esclusività del cachemire alla portata di tutti quelli che ci credono.
PANEL. Campione rappresentativo usato nelle indagini di mercato.
PROMOTER. I tentatori dell'Eden (vedi pagina 89).
PROVA D'ACQUISTO. Talloncino da conservare nella scatola di biscotti insieme ad altri 345.879 talloncini che potrebbero un giorno, chissà, darvi diritto a ritirare una cyclette.
PUNTO VENDITA. Negozio. Fa più fico chiamarlo così.
PUSH. Tecnica per spingere la vendita di un prodotto. Ma se la scritta appare su un vetro, significa che per entrare dovete spingere.
RETAIL. Vendita al dettaglio. Comunque, nulla di particolare...
SOTTOMARCA. Linea più sfigata della marca principale.
STOCK. Quantità di merce che, prima o poi, vi daranno a bere.
SUPERETTE. Punto vendita non più grande di 400 metri quadrati. È il super sotto casa.
SUPERMERCATO. Arriva fino ai 2.500 metri quadrati. Se siete fortunati, e ce l'avete sotto casa, evitate la caccia al tesoro tra una superette e l'altra.
TARGET. È l'obiettivo. Anche nel gergo dei militari.
TREND. È la tendenza. Anche nel gergo dei cretini.

BLU. Classico e tradizione, quando è più scuro. Vivacità e progresso, quando vira verso il turchese. Poi, pulizia e chiarezza, visto che è il colore dell'acqua (però dipende anche da dove andate al mare) e del cielo. Gli esperti dicono che il blu è un colore determinante nella percezione visiva ed è tradizionalmente legato al sesso maschile. Usato per molte attività legate ai trasporti, richiama immediatamente l'idea del viaggio. Non a caso è usato anche nei marchi legati alla finanza (che spesso sono viaggi senza ritorno).

BIANCO. Stile e purezza. Un richiamo all'innocenza, alla sincerità, alla sicurezza. Buono per ogni sfondo, ma difficilmente balla da solo.

NERO. Eleganza. Insieme al bianco fa troppo zebra, insieme all'oro ispira passione e porta ventate di raffinatezza. Molto glamour, identificherebbe i prodotti "che non sono per tutti", ma proprio partendo da questo input neurale, tutti si affrettano a comprarli. Anche nell'alimentare ha aumentato la diffusione: dal parmigiano agli affettati, lo scuro per eccellenza (con ghirigori aurei) cerca di convincerci che con quel prodotto a tavola ci tratteremo da re (ma, alla cassa, continueranno imperterriti a trattarci da plebe).

GRIGIO. È un sinonimo minimalista di praticità e affidabilità. Ma è da limitare ai prodotti della moda: se l'hamburger di scottona dovesse assumere simili tonalità, l'affidabilità uscirebbe di scena e bisognerebbe chiamare l'ufficio di igiene.

GIALLO. Moderno, dinamico, schietto, solare: piace a tutti. Richiama calore e luoghi esotici. E più va verso l'arancione, più spara e diventa un richiamo irresistibile dagli scaffali.

Ognuno di questi colori può essere declinato in varie scale di tinte pastello. Il beige suscita calore e morbidezza, il rosa fa pensare alla primavera, celeste e verde acqua danno senso di tranquillità e sono usati spesso per i prodotti dedicati all'infanzia. Per niente aggressivi, innocui nella loro freschezza, sono considerati prodotti amichevoli. Infatti faranno sembrare le confezioni più grandi, ma più leggere di peso.
Quando avrete portato tutto a casa, e magari l'ascensore è rotto, vi renderete conto che la loro amicizia dura poco e che più di un'amica avete bisogno di una colf.

Consigli per tutte le taglie

XXL

Mutandone – ma one one – d'obbligo per i frequentatori di discount. Il bagarinaggio seriale di prodotti low cost dà sempre l'impressione di una gran furbata. Benissimo, a patto che siate coscienti che il pollo di importazione è uzbeko e il pecorino sardo è fatto cagliare in Transilvania. Guardate le etichette: anche nei discount, qualcosa di utile c'è scritto. E se sull'acqua gassata è scritta in cirillico, forse non la passerete liscia...

XL

Avete portato a casa una confezioni da 24 rotoli di carta *Skottez* che era in sconto mega promozionale. Misura 51X30 centimetri: quasi mezzo metro quadro. Se abitate a MIlano, in zona semicentrale, occuperete circa 3.000 euro di spazio, ai prezzi immobiliari correnti. Se abitate Roma, circa 3.500 euro; 2.000 euro se abitate a Napoli. Porca miseria, ma vi sembra geniale che per 3.47 euro di carta da chiappe spendete in media 700 volte di più per tenervela in casa?

L

Mozzarelle blu, scandalo. Mozzarelle bianche, qualità? Certo, a patto che non siano bianche come un lenzuolo dopo un passaggio in candeggina. Quando sembrano boccini da biliardo, la composizione potrebbe essere mista e non di solo latte fresco.

M

Sempre sulla mozzarella. Addentatela: deve essere elastica, mai gommosa e non squagliarsi come stracchino. Se la buccia fa le grinze, c'è troppo sale o è vecchia. E se non c'è la goccia quando la tagliate, è stata coagulata male o tiene troppi conservanti. Ora che sapete come è fatta una perfetta mozzarella DOC, accettate che nella vostra vita forse la incontrerete un paio di volte, sarà per caso, probabilmente non ve ne accorgerete nemmeno e (con il palato felpato dalle multinazionali che ormai vi ritrovate) direte pure che fa schifo.

S

Questo vale anche per biscotti, pane, formaggio, salumi, pasta, pesto, salse e tutto quello che ci scivola dalla lingua al tubo digerente. Mica perché siamo stupidi, solo perché siamo globali e vittime degli organismi commercialmente modificati. Purtroppo, l'uomo è quello che mangia, diceva Feuerbach. (E all'*Osciàn* e alla *Carfùr*, probabilmente, hanno studiato Feuerbach).

Lo faccio **solo per spot**

Di fronte a nessun'altra esperienza umana (in vita e malanni esclusi grattandosi) ci si sente così impotenti e rassegnati: gli spot, anche se li conosci, non li eviti. Possiamo opporre resistenza, minimizzare, anche addormentarci, ma non ci sono santi: siamo incessantemente (24 ore su 24, come dicono security e "maranza") immersi nei fluidi della pubblicità.
Di 30 secondi in 30 secondi, almeno due anni (della nostra vita) se ne vanno per il wafer che bontà, assaporando il gusto che in montagna ci guadagna, perché il viaggio comincia da piccoli quando la patatina tira, così, se ti prendi una storta, stop al dolore e riparti. E, se ti sei sporcato il pantalone, *zac* e la macchia svanisce.
Non ci credete? Bene, calcolate che nella quiete del vostro salotto, indifesi e imbambolati sotto la copertina, vi sorbite (e assorbite) in media 15 minuti di pubblicità al giorno (e stiamo stretti); fanno 5.475 minuti all'anno, più o meno quattro giorni ogni 12 mesi, che per i 75 anni di aspettativa media diventano 300 giorni. A questi vanno aggiunti i messaggi di radio, manifesti, giornali, Internet, cinema e depliant che raddoppiano, in sostanza, l'esposizione ai raggi ultrapubblicitari.

Due anni. In cui il vostro cervello ha lavorato come un'antenna, facendo felicità e fortuna degli inserzionisti e dei pubblicitari. In genere con un obiettivo, che non è più quello di determinare i comportamenti di acquisto (come si diceva un tempo), ma piuttosto di stimolare in voi una disposizione d'animo favorevole che poi si tradurrà nell'atto finale desiderato: il vostro shopping (in certi casi, anche il vostro voto, visto che al cerone e a Photoshop non c'è più fine).

Per raggiungere questo risultato, i pubblicitari associano ai prodotti significati e immagini piacevoli, catturano simboli che già conosciamo, associano il prodotto a valori di affermazione sociale più che commerciale: il potere, la bellezza, il sesso, il fascino, la ricchezza.

Ci sono motivazioni che i pubblicitari conoscono bene e che funzionano da molle per l'attenzione, per il sogno, per la speranza. Sono gli ingredienti base delle loro miscele di immagini e voci, canovacci geneticamente riconosciuti all'istante dal nostro cervello come bisogni primari: sfamarsi e vestirsi; essere informati; realizzarsi; possedere cose belle; avere sicurezza finaziaria; curare e proteggere chi si ama; e – molla tra le più ancestrali, preistoriche ma determinanti – dominare il prossimo.

In poche parole, qualunque sia il prodotto, l'idea è banalissima: se lo compri, la tua vita migliorerà.

Succede così che un'utilitaria coreana venga associata alla figura di un pilota (comprala, e diventi come lui); che una bottiglia di profumo venga abbinata a una modella bellissima (usami, e diventi come lei); che un amaro sia legato all'immagine avventurosa di un veterinario che deve prendere l'aereo per far sgravare una cavalla. E dite un po' se questa è veramente avventura. O sfiga...

Comunque, per quanto iperbolici, non ciccano mai: il potere di suggestione di uno spot è purtroppo straordinario, punta sulla creazione di un rapporto di complicità che in 30 secondi tenta di raggiungere un grado di fusione tra i nostri desideri e i significati del prodotto.
Primarie o selettive, secondarie, razionali o emotive: le motivazioni possono essere infinite. Possono non arrivare a noi, ma fulminare invece il nostro vicino di casa. Darci una scossa neurale (e qualche fotogramma di immaginazione tropicale) e tuttavia lasciare indifferente chi ci sta accanto sul divanetto, sotto la copertina.
Un messaggio pubblicitario non può arrivare a tutti, ma di una cosa si può essere certi: ce n'è per tutti, uno anche per voi. E non potete immaginare quante volte vi abbia spinto a mettere mano al portafoglio.

Io voglio, tu vuoi, egli vende

Il problema è che non vi siete nemmeno mai immaginati come fanno (ricordate il muro sulla circonvallazione? C'è scritto: "Non pensare, spendi"). Perciò, adesso accendete il lobo frontale, perché vi raccontiamo le sei (sette, in realtà) grandi categorie della persuasione che, alla luce del titolo di questo libro sono, oggettivamente, atteggiamenti umani in cui una bella braghetta di ghisa fa molto comodo.
Non parliamo solo di spot, ma nel concreto si tratta degli stessi comportamenti che un bravo *spottaro* tiene presenti quando cuce quei 30 secondi di fotogrammi (ben 24 al se-

condo) che possono rendere irresistibile anche il bostik per le dentiere.

Scusi, vuole un assaggio? Scena: solito supermercato, ora di punta, avete una fame bestia e la hostess, stile ofide da Giardino dell'Eden, vi porge una scheggia di grana. Oppure:

- in profumeria, al pagamento: "Tenga un campioncino del nuovo profumo di Pucci Pucci";
- dal fruttivendolo, zona susine: "Ne provi una, sono freschissime";
- seduti in attesa di un qualunque preventivo, in un qualunque studio professionale, mentre l'occhio cade sul cestino delle caramelle: "Prenda pure, sono lì apposta".

E così via per mille altre sitcom reali dove, come coniglietti cinesi, abbassiamo le nostre difese e accettiamo di prendere contatto con chi, apparentemente (ma anche sinceramente, a volte), è gentile con noi.

Tutto questo si basa su una delle prime regole del rapporto umano: la **reciprocità.** Cioè lo scambio, il baratto, il contraccambio: se io do una cosa a te, tu poi dai una cosa a me. Ve lo ricordate? Era il martellante tormentone del carosello dei rasoi Philips di una vita fa, in cui si metteva in scena lo scambio dei regali natalizi in una famiglia italiana media.

Fondamentalmente, è una trappola emotiva per cui dovreste sentirvi (come a Natale) obbligati a restituire un piacere, un dono, una cortesia.

Non per andare a cercare pretesti semantici, ma "obbligato" in molte lingue assume il significato di "grazie". Potremmo aprire un ampio inciso sul fatto che uno degli investimenti finan-

ziari più diffusi tra le zie di tutte le latitudini abbia la stessa radice: obbligazione (gli americani la chiamano *bond*: significa primitivamente "legame", concetto non lontano).
Ti ho dato una cosa, tu mi devi qualcosa: sei in debito.
Ma è chiaro che voi spesso non siete obbligati per un cavolo e, se prendete una caramella, non è che poi dovete comprare per forza una macchina.
Se accettate un campione di colonia dalle nuances anguriate, e voi odiate l'anguria, non dovete acquistarne una fiasca.
Tranquilli: rifiutate. Non sarete mai etichettati come ingrati, parassiti e poco riconoscenti, come vorrebbe la convenzione sociale della reciprocità.

Regola numero 1: per 364 giorni all'anno non è Natale.

No, guardi, non posso fare di più... *Ueee*: sirena d'allarme. Se vi dicono una cosa così, magari scuotendo la testa (e senza guardarvi negli occhi), fuggite o siete fritti. State sperimentando sulla vostra pelle il secondo principio della persuasione: **impegno e coerenza**.
Il problema è che della loro se ne dimenticano subito, ma la pretendono da voi. Esempio classico: state trattando l'acquisto di un'auto. Il bravo venditore, tra una chiacchiera e l'altra, vi ha fatto balenare un megasconto e un sacco di optional. Siete tornati a casa a parlarne in famiglia, l'avete richiamato per avere conferma (risposta evasiva: "Ma venga, venga..."), l'avete tirata per le lunghe e poi, stremati da giorni di ragionamenti, siete tornati dal concessionario convinti e, al momento di firmare, il tappeto rosso che vi avevano steso è stato per buona parte riavvolto.
Succede allora che...

"Eh no, mi scusi (signor, dottor, ingegnere, eminenza, eccellenza...) è che per la sua auto che ci dà indietro ho visto l'eurotax verde, ma quello blu è diverso, poi ho fatto la media con la valutazione di 'Quattroruote' e ho parlato con il mio capo che dice che per un po' ci resta in salone, chi se la prende, ha pure due sbreghi brutti sulla portiera, dobbiamo trovare un acquirente, ma sa adesso i tempi sono quelli che sono, potremmo fare un conto vendita, se lei crede, comunque la trattiamo bene, ha anche il portapacchi a scomparsa per la canoa."
"Sì, ma io non vado in canoa."
"Sì, però può servire sempre per trasportare il comodino nella casa del mare."
"Ma il portabottiglie per i sedili posteriori c'è?"
"Eh, quello è a parte, 350 euro."
"Mi pareva che..."
"Guardi, a questo punto, le consiglio il pacchetto LX: c'è anche la presa del frigo da camping. Glielo metto a poco."
(Tic, tic, tic... *Calcolatrice.)*
"Con il pacchetto scontato le viene 23.854 euro con l'IVA. Di più non posso, ci perdo."

Oltre ci perde?
Siete a un passo dall'essere incastrati da Mangiafuoco, rubato alla favola di Pinocchio e arruolato dal plurimarche. Il vantaggio che vi aveva convinto a procedere con la trattativa non c'è più, praticamente si è dissolto nel paraflu. L'unica cosa che resta è la vostra decisione iniziale di acquistare l'auto: nella maggior parte dei casi è in questa fase che scatta la vergogna della rinuncia. "Se non la compro, penserà che:

1. non sono serio;
2. sono un morto di fame;
3. sono un approfittatore."

E così capitolerete perché voi siete coerenti, siete persone che mantengono gli impegni, gente che fa la croce sul cuore, affidabile.
Avete abboccato: la coerenza sulla quale ha ballato l'affare era solo vostra. Consolatevi: due terzi delle auto si vendono così.
Essere coerenti vi costerà 23.854 euro.
Nemmeno un lampo di orgoglio per rinunciare all'allestimento LX? Vergogna.

Regola numero 2: esigete sempre la coerenza degli altri. ("Scusi, dove minchia è finito lo sconto?")

Fa' la cosa giusta. Ecco, è uno dei modi per i quali anche la ghisa può avere effetti limitati. In psicologia il terzo meccanismo della persuasione si chiama **riprova sociale.** Cioè, uno dei mezzi che usiamo per prendere una decisione giusta è fare quello che gli altri considerano giusto.
Ci sarebbe quasi nobiltà d'animo, se non fosse che molto più semplicemente, adesso, la decisione giusta è limitarsi a fare quello che fanno gli altri e basta.
Questo sistema ha brasato così tanti cervelli da poter essere a ogni titolo considerato uno dei più occulti e di successo che ci sia.
E il più maledetto perché:

- sfrutta la vostra indecisione;

- vi spinge a seguire la massa;
- vi toglie qualunque spazio di autonomia;
- e vi considera, in sostanza, dei coglioni.

I pubblicitari che spingono su questo tasto fanno passare il messaggio che il prodotto funziona ed è apprezzato da quelli della porta accanto, persone nelle quali è facile identificarsi. Cioè noi.

Nel caso di farmaci o prodotti per la cura della salute, ci saranno il classico medico, il farmacista, il dentista e – adesso va di gran moda – il responsabile della divisione di ricerca che vi racconta la rava e la fava su quella cremina così miracolosa che toglie le borse sotto gli occhi e dona elasticità alla vostra pellaccia.

Spesso i sonori sono anche doppiati, e doppiati male, per darvi l'impressione di assistere al racconto fresco e sincero di un testimonial reale che, nella migliore delle ipotesi, è invece un'attrice di teatro cosacca con il permesso di soggiorno in scadenza, che l'italiano proprio non lo sa, e ha vinto il casting perché è parente dell'agente (parente, sia chiaro, di primissimo letto), ha fatto un giro sul sofà del produttore o è la nipotina del responsabile marketing della multinazionale che mette su 'sto popo' di casino per inventarsi un weekend di riprese. Pardon, *shooting*: è così che si dice.

Regola numero 3: essere sempre pronti a fare il contrario di quello che sembra giusto, ma non lo è. Già, ma come si riconosce la cosa giusta? Nella vita è quella che costa più fatica e in genere non porta soldi. Nella pubblicità è quella che non vi affatica, ma porta soldi agli altri.

Non è bello ciò che è bello, ma ti frega. Altro principio strizzacervelli: la simpatia. Un bamboccione o una bamboccciona che sprizzino gran simpatia convincono, affascinano e vendono. E infatti gli spot giocano alla grande sulle caratteristiche in grado di suscitare in noi simpatia: nemmeno a dirlo, il primo fattore è la bellezza.
Non è un caso se la pubblicità, per convincervi ad acquistare un silicone per blindare la doccia, si affida a un'aggressiva maggiorata ventenne, perché nell'immaginario collettivo (anche del fai-da-te) la pupa stravince sull'idraulico polacco in salopette.
Ma non è tutto. Chi punta sulla bellezza sfrutta il noto "effetto alone" che spinge ad attribuire ai belli e simpatici anche altre qualità, compresa l'intelligenza e la bontà (anche se nulla è più lontano di questo dalla realtà). Ve la ricordate la tentatrice del super che vi porge una scheggia di grana? Ma secondo voi scelgono un cesso?
Chi ha un bell'aspetto è sempre un passo più avanti, mortacci sua. Se poi, tanto tanto, comincia a farvi dei complimenti, *zac*, cadete ai suoi piedi: e per sapere come va a finire tornate al paragrafo della reciprocità.
Sentirsi in debito con un ceffo qualunque è una cosa, ma se vi capita con un clone della Senicar o di Raoul Bova...

Regola numero 4: i più simpatici sono come la pitonessa nel giardino dell'Eden; voi, cavalli golosi, evitate di cascarci come sempre.

Compra: te lo ordino! Qui siamo nel campo della vera manipolazione. Si tratta di fenomeni di persuasione legati

all'**autorità** sui quali si sono scervellati grandissimi studiosi (Robert Cialdini, Stanley Milgram). Per indurci all'errore i testimonial usano titoli, vestiti e simboli che richiamano un ruolo (sociale o funzionale). Tutto questo perché, fin da piccoli, siamo abituati a rispettare le indicazioni che ci arrivano dall'alto o comunque da posizioni di potere, come genitori o insegnanti.
Sarà sufficiente, perciò, travestire qualcuno da maestrina o da madre premurosa per stimolare in noi una certa deferenza che porta all'obbedienza d'acquisto. E, infatti, in questo tipo di spot, si fa grandissimo uso di abiti-simbolo, come camici bianchi o divise.
Più o meno da questo principio nasce anche il *product placement*: vi piazzano i prodotti direttamente all'interno di un film e li fanno utilizzare ai protagonisti. È l'apoteosi della marchetta, a volte anche l'unico modo per cui certe pellicole possono essere prodotte: grazie al pedaggio della pubblicità e al contributo statale.

Regola numero 5: non fermatevi alle apparenze.

Per molti, ma non per tutti. Ecco, ogni tanto sparano anche questa in altre varianti promozionali, tipo: "Offerta valida per pochi giorni"; "Ultimi pezzi disponibili"; "Sconti per esaurimento scorte".
Quando accade, lo strumento della persuasione che è stato scelto fa leva sulla **scarsità**. Una cosa ci appare tanto più desiderabile, quanto meno è disponibile. Insomma: meno ce n'è, più la voglio.
È incredibile, ma in questo modo siamo spinti all'acquisto

di beni che nemmeno lontanamente ci avrebbero interessato, ma che a un certo punto ci attirano solo perché il rischio della loro scarsità diventa una minaccia per la nostra futura libertà di scelta. Per cui, da bravi pirla, ci riempiamo la dispensa di prodotti (normalmente costosi) perché se poi finiscono, come facciamo?

Regola numero 6: non dimenticatevi che, se finiscono, li prendiamo da un'altra parte, un'altra volta. O non li prendiamo proprio.

Ultima regola (in effetti soltanto una deprimente constatazione). Le aziende hanno scoperto che le sei armi della persuasione (codificate in migliaia di volumi, teorie e seminari universitari) sono nulla di fronte al candido potere dei bambini: a loro difficilmente sappiamo dire di no. Ed è per questo che spesso orientano gli spot verso di loro: sanno che ci stresseranno fin quando non gliela daremo vinta. I nostri figli guardano tre ore di TV al giorno, quindi assorbono un centinaio di spot, e gli studi dicono che a 10 anni hanno già memorizzato tra le 300 e le 400 marche. Un risultato che, economicamente, vale il 40% in più di fatturato per i prodotti di alcune multinazionali, oggettivamente bastarde. Bastarde esattamente come altre multinazionali che ai bambini fanno cucire i palloni. Bastarde proprio come chi sfrutta bambini per annodare i tappeti o mendicare. Sì, bastarde come loro, anzi anche di più.

Fosse latte, ma è vinavil

Alla fine di questo capitolo vi gireranno molto le palle.
Non tanto perché la pubblicità ci tratta da fessi ed è una figura che sappiamo fare puntualmente al cospetto (adesso pure in *accadì*) della réclame di uno stracchino o di un dentifricio sbiancante: lo sappiamo e ci rassegniamo, ormai abbiamo il callo anche sulla corteccia cerebrale.
Il vero problema, che per molti di voi sarà una scoperta pari a quella dell'eclisse magnetico che ci sbarellerà le bussole, è che per farci fessi non fanno nemmeno la fatica di mostrarci cose reali: come dire, è la finzione della menzogna.
Avete presente quella frasettina in caratteri calcolabili in micron che compare al piede di qualche pubblicità, o anche per qualche secondo in coda agli spot, ma anche sulle scatole di biscotti, piuttosto che di paste, torte prefabbricate, tonno o grissini? Dice: "L'immagine sulla confezione ha il solo scopo di presentare il prodotto".
Ecco, questa è la prima bugia a fin di male: perché lo scopo non è quello di presentare il prodotto, ma solo di venderlo. Tant'è vero che non presentano il prodotto, ma la sua iconcina perfetta.
Spieghiamoci: le immagini dei prodotti alimentari sui manifesti, negli spot e sulle confezioni sono, nel 99% dei casi, finte. I motivi sono di ordine tecnico (ufficialmente): il gelato sotto i riflettori si squaglia, il cioccolato a quadri diventa budino a chiazze (lento) e l'insalata si affloscia. Per cui si risolve così:

- il lucido da scarpe marrone viene spennellato sui polli nelle pubblicità del brodo. Visto che bella doratura?
- l'olio motore si trasforma in miele e in ripieno di caramelle perché la colata sia davvero perfetta;

- con la lacca per capelli si lucidano torte e pasticcini (la nonna non c'entra);
- il deodorante spray crea un effetto rugiada sulla frutta (la natura non c'entra);
- la margarina viene colorata e diventa gelato, ma anche purè;
- in alternativa, per il gelato si usa addirittura la cera: si fonde nelle forme più adatte e la gran coppa del bisnonno è servita;
- il *vinavil*? eh, il *vinavil* interpreta la parte del latte. Avete presente quelle secchiate appena munte, tipo baita che bontà? Ogni tanto ci mettono anche un po' di anilina della tinta giusta e la cascata diventa cioccolata fusa;
- la fiamma ossidrica, invece, serve a rosolare gli hamburger;
- la glicerina viene spalmata sui frutti di mare per darvi l'impressione che siano usciti un secondo prima dalle reti di un peschereccio a Mazara;
- i batuffoli di cotone, prima compressi poi bagnati, se riscaldati nel microonde produrranno il vapore sincero del cibo fumante dei pranzi in famiglia;
- la maggior parte dei liquori, di ogni ordine e grado, avrà infine il tè come una delle sue migliori controfigure per migliorare l'effetto trasparenza;
- e le creme per la pelle così promettenti e ammalianti? Spesso sono quello che sembrano: panna.

Scoperto con raccapricciante curiosità che cosa si nasconde dietro una tazza di cioccodenso fumante o una pirofila di tacchino al forno trasmessi negli spot a reti unificate, la do-

manda che sorge spontanea è: acquistiamo quei prodotti perché spinti dalla necessità o dall'inganno?
La rappresentazione in modo diverso dalla realtà, se addirittura non stravolto, di un prodotto può essere accettata solo a patto che non diventi lei stessa l'input decisivo, la molla che ci spinge all'acquisto. In caso contrario, quando torniamo a casa e apriamo la confezione, se non ci prende uno schioppone per la delusione, magari sarebbe sano che ci prendesse un levantino sussulto d'orgoglio per scrivere due righe alle multinazionali che spacciano l'immagine della colla per quella, materna, del latte.
Se lo facessimo in tanti, forse qualcosa cambierebbe. Ma siccome, come già detto, abbiamo il cervello ritoccato da Photoshop e siamo pigri, hanno vinto loro.
Per cui, buon appetito.

Sesso e volentieri. Figurati se ce ne dimentichiamo: tra le molle subliminali più sperimentate per spingerci all'acquisto sicuro c'è tutta una serie di espliciti riferimenti sessuali che comprendono gnocca e tarallo (che, spiace dirlo, funziona molto con gli uomini).
Universalmente si fa discendere la razza delle pubblicità sexy dal mitico cartellone, disegnato per l'americana Coppertone, in cui un dispettoso cagnolino nero addentava in spiaggia il costume di una ragazzina con le treccine abbronzata, scoprendone – con immediatezza pari a quella di una paparazzata moderna – il sederino candido.
Un'immagine innocente, è sempre stato detto dagli studiosi degli spot, tant'è che anche per la bacchettonissima America (era il 1953) quella pubblicità non rappresentò un pugno

nello stomaco. Successivamente, però, la multinazionale delle creme sostituì il disegno con le foto, alzò l'età delle modelle e l'ultima a posare per quell'icona (onestamente inaccettabile per madri e padri di famiglia) fu Jodie Foster. Tutto questo fino al 1994, quando l'azienda rivestì le sue Lolite giustificando quel che sembrava un nuovo approccio moralista con la volontà di aderire alle nuove "raccomandazioni del governo in materia di protezione dai raggi ultravioletti". Insomma, fece marcia indietro e dopo 41 anni scelse la via di un'immagine che, soprattutto, non prestasse il fianco a un'accusa infamante, e ci siamo capiti.

L'utilizzo del "lato B" in pubblicità, in realtà, si è spinto ben oltre. Si parte, all'inizio degli anni Settanta, con i celeberrimi "Non avrai altro jeans all'infuori di me" e "Chi mi ama mi segua": due slogan targati Emanuele Pirella. A volerli è la Jesus (primo marchio italiano del settore, prodotto dal Maglificio Calzificio Torinese) che utilizza come testimonial le chiappe della famosa modella Donna Jordan immortalate da Oliviero Toscani, che ha sempre definito quelle foto come le più importanti della sua carriera.

La campagna fa il giro del mondo, addirittura diventa oggetto di una critica appassionata da parte di Pasolini, ma nei fatti dà il via alla più grande sfilata di glutei che, nelle più disparate pose, dagli short ai fili interdentali, rappresenta una delle categorie più sfruttate dagli *spottari*.

Ha fatto, in fondo, la fortuna di Rosa Fumetto e Michelle Hunziker, che si s-mutandarono per gli slip Roberta. Ma ha reso famosa anche la biondissima Charlize Theron che, nello spot della Martini, si fa smagliare la minigonna da un malizioso chiodino.

Complessivamente, si può dire che negli anni il richiamo della foresta e dell'ormone abbia fatto vendere birre, sambuche, caffè, profumi, auto, siliconi, slip, reggiseni, sigarette, whisky, creme, patatine, lampadine, preservativi, letti, divani, comò, collant e un'ulteriore miriade di prodotti in cui il sesso c'è, ma non si vede. Perché se è vero che la malizia applicata all'impulso d'acquisto arriva fino a selvatici cartelloni pubblicitari in cui per vendere tre caldaie una società di Milazzo ha messo in posa una spogliarellista sotto un *claim* inequivocabile: "Montami a costo zero", è anche vero che parte spesso da messaggi occulti molto più subdoli, sottili e non da papponi.

Andate su Internet e sulla stringa di Google digitate "messaggi nascosti pubblicità" o anche "messaggi occulti" e avrete un milione di modi per rendervene conto: da Disney a McDonald's, passando per detersivi e politica, è irritante scoprire che c'è gente pagata per fotterci il cervello in maniera così raffinata.

È un segno dei tempi: la colpa è anche nostra, perché le mignotte si trasformano in escort, i maccheroni diventano piccolini, le tavolette di cioccolata mutano in cioccoblocchi, la carta si fa rotolone e così via.

Cioè abbiamo placidamente accettato che molte cose non vengano più chiamate con il loro nome per questioni di marketing, operazioni grazie alle quali non siamo certo noi a incassare vantaggi.

Ma non vi girano le palle? Siete davvero disposti a spendere e spandere per pochi secondi di illusione regalati da una chiappa in tivù?

Se rispondete di sì, vi meritate davvero il vinavil a colazione.

Se la cozza tossica non è reato

Mangiamo anche con gli occhi e, a volte, è un problema; mangiamo soprattutto con la bocca, e anche questo lo è. Da qui viene lanciato, infatti, un grido d'allarme più per la salute delle nostre pance che per i cervelli. Da metà dicembre 2010, infatti, la legge che puniva le frodi alimentari è stata cancellata e non esistono più i reati che contemplava.

Tutte le disposizioni anteriori al primo gennaio 1970 sono state cancellate dal "taglia-leggi", tranne quelle ritenute "indispensabili alla permanenza in vigore", che sono state elencate. La legge 283 del 1962 sulla tutela degli alimenti nell'elenco, però, non c'è.

Dalle cozze tossiche allevate a Trieste a quelle infettate dal vibrione del colera, dal sushi con il parassita svuota-tubo digerente (l'anisakis) alle mozzarelle blu, dal maiale alla diossina ai cibi scaduti e "rinfrescati" cambiando le etichette, dalle cotolette alla salmonella alla carne vecchia rinvigorita con i coloranti, dal vino adulterato all'olio di oliva senza olive, dalle farine alimentari con il prione (vedi Mucca pazza) al mascarpone botulinato, dalla pummarola colorata al latte con la colla, dagli ortaggi con il piombo alle acque minerali ricche in cloroformio, fino al pane o alla mortadella, agli escrementi: nulla di tutto questo è passibile di multa o di galera.

Qualcuno ha promesso di rimediare velocemente, ma un "vuoto" legislativo di poco tempo resta comunque un affronto, duro da digerire nel paese dello *slow food* e dell'orgoglio culinario. Dimenticanza, distrazione, volontà? Vattelappesca. Però, occhio a quello che abbocca.

Il verde vende. Ve li ricordate i colori del "pacco" al supermercato (pagina 79)? Il verde – nella variante anglofona del *green* – è più amato dagli *spottari*, non solo in quanto tinta orientata a natura (e speranza), ma proprio come concetto nominalmente espresso, peraltro molto di moda almeno finché non ce ne sarà un'altra. In principio fu l'erba del vicino prato, poi la benzina, ma seguirono partiti, società, motori, polmoni, quartieri, detersivi, libri e qualunque prodotto avesse alle spalle una media campagna di marketing orientata a ridargli la verginità.
Il verde vende, ecco perché.
Incarna un valore condiviso dai consumatori (voi), sul quale i produttori giocano per farvi credere di condividerlo con loro. Figuriamoci però se si tratta di condivisione reale (e diciamo pure che una multinazionale qualunque è cromaticamente attratta dai verdoni più che dai verdi. E, significativamente, se ne frega delle foche e dell'abbassamento delle Maldive).
Succede, così, che nelle pubblicità:

- l'energia che muove le pale dei mulini è verde;
- i bambini s'ingozzano di merendine scorrazzando nei campi di grano;
- l'acqua minerale sgorga dal ghiacciaio;
- l'acqua minerale sgorga anche dalle bottiglie, ma c'è Messner che ve la dà a bere...;
- belle signore vanno in bicicletta in splendide giornate di sole, dove c'è sempre da:
    - preparare una bella lasagna;
    - infornare un bell'arrosto;
    - stendere un bel bucato.

Top spinning

Sui campi li chiamano "arrotini". Tagliano, smussano, sbucciano con quel perfido colpo che ha reso celebre Borg e sta facendo la fortuna di Nadal: la palla si colpisce dal basso verso l'alto, imprimendole una rotazione traditrice, grazie a un rapido movimento di polso. Veramente fantastico sulla terra rossa.

Sulla terra e basta, intesa come il più ampio luogo emerso dove viviamo, lo *spinning* diventa invece un esercizio in cui i politici riescono a eccellere, soprattutto se possono contare sulla sicura amplificazione che verrà data dai megafoni della stampa e delle TV alle loro "rotazioni".

Lo *spinning* è una prassi consolidata e organizzata con cui il politico previene o contrasta le diffusione di informazioni imbarazzanti; permette di plasmare mezze bugie e mezze verità; consente di costruire storie e orientare a piacimento quelle degli altri. Per esempio, le escort diventano amiche (qualcuna però può fare molta più strada); l'impunità diventa uno scudo; l'eternità diventa un lodo; un conto *offshore* è solo un conto; una villa ai Caraibi è solo un condominio con vista mare.

È il diversivo permanente studiato a tavolino con l'appoggio di esperti di vendita, esperti di marketing, esperti di pubblicità, esperti di legge. Ma occhio a non chiamarla disinformazione o controinformazione, perché lo *spinning*, per essere valido e ben fatto, va spacciato come informazione primaria, senza mediazioni, cioè è il protagonista stesso della storia che "arrota".

Come si disinnesca? Se ve ne trovate uno di fronte, dovete riportare insistentemente l'attenzione sul discorso principale, sui punti in discussione. Se evade una risposta, dovete fare pressione perché ve ne dia una precisa. Tirarlo per la giacchetta finché non gliela strappate, però se lo fa Di Pietro non vale: lo *spinning*

sa rendere meno efficaci gli avversari, mettendone il luce gli aspetti più deboli dell'immagine o del carattere, indipendentemente dalla forza e dalla veridicità di quello che dicono. Diciamo che lo *spinner* lavora, perché la gente creda più alla faccia comoda della verità, *anziché* alla verità. E, per questo, un po' come succede al latte grazie al vinavil (leggete la storia a pagina 97), il cerone fa miracoli.
È chiaro che in Italia fa l'arrotino solo chi se lo può permettere, per il sacro talento della parlantina ma anche per quello meno sacro delle disponibilità di certe risorse: probabilmente Berlusconi è uno di questi, mentre gli altri sono Silvio, il Cavaliere, il Dottore, il premier e il presidente del Consiglio; ma, secondo gli studi sociologici più recenti, del fortunato gruppo fanno parte anche il più ricco d'Italia, il più potente d'Italia, e i reali proprietari della Fininvest, di Mediaset, della Mondadori, del Milan, di Mediolanum, di mezza Costa Smeralda e di un quarto di Antigua.
Sia detto senza pregiudizio per uno dei più grandi inventori mai esistiti: lui è uno che sa come si *spinna*, gli altri in genere sanno solo farsi spennare. Ora speriamo solo che non arroti anche noi.

Il riferimento alla natura e alla libertà è così smaccatamente falso che ci cascate quasi per pietà o sfinimento, ma ci cascate. Così, spesso non rinunciate all'acquisto del deodorante per bagni puzzoni, che regala profumazioni "finestre aperte" (*maremmabucaiola*, quanto vorremmo che fosse uno scherzo, ma esiste anche la fragranza "erba tagliata"), ma è giusto sapere che contiene sostanze che non forano più la cappa atmosferica, ma tutto il resto sì, perché la chimica per non bucare l'ozono ha dovuto scalzare la chimica che lo bucava. Controsensi.

Come quello delle compagnie telefoniche che promuovono le loro tariffe in barca, in spiaggia o a bordo piscina (variante invernale su piste da sci, con lo sfondo di abeti multicolori che non hanno mai visto, non solo un bosco, ma nemmeno una serra e sono stati fabbricati a Taiwan), sfruttando lo scenario naturale per insufflarvi voglia di libertà.
Vi siete mai chiesti che fine fanno le batterie esauste dei vostri cellulari decrepiti?
In genere, vengono neocolonialmente stoccate (insieme al resto) in Nigeria, India, Cina, Thailandia. A Lagos arrivano ogni mese più di 500 container di *e-waste* (cioè spazzatura tecnologica, che noi adesso chiamiamo RAEE, così non si sa bene se siano una band scandinava o il nome di un nuovo partito): quindi, lontano dagli occhi, lontano dal cuore.
Ma sono scorie.
Quando acquistate il vostro telefonino, perché ve lo ha detto Belen, non è previsto in alcun modo che vi dica che fine farà il rottame, così come sarà in ogni caso impossibile avere conferme sulla veridicità dei fattori verdi lanciati nello spot: sono solo autodichiarazioni.
È giusto pensare verde, per carità; tenete però presente che il vostro cervello funziona a scariche elettriche e non a clorofilla, per cui concedetevi anche qualche strappo alla regola se vi va, ma ricordate che il miglior modo di avere quella fragrante sensazione di "finestre aperte" nella vostra casa è solo uno: aprirle davvero.

La regola del giorno in più. Chiariamo: questo non è un libro sulla pubblicità. Abbiamo omesso di raccontarvi un sacco di cose e vi lasciamo la curiosità per spingervi a riflettere ancora sull'argomento, grazie a contributi editoriali più dotti del nostro paio di mutande. Vi farà bene scoprire da soli quale marchingegno subliminale sta dietro lo spot di una merendina o quale richiamo sottenda a una cascata di yogurt con le fragoline.

Però, in questa galoppata, ci siamo capiti: l'acquisto d'impulso è sempre determinato da fattori irrazionali ed emotivi che rispondono alle categorie della persuasione, così come ai colori, al tempo e al sesso (sul quale ci siamo cimentati con rapidità: basta incrociare uno spot della Campari per avere ben chiaro il fenomeno).

Una cosa, però, dovete tenerla a mente: gli acquisti d'impulso sono quelli a maggior rischio di pentimento, ma sono comunque disinnescabili. Nel momento in cui sentite il prurito alle mani per quel bel pacco-famiglia o per l'articolo in sconto, sappiate che la fregola potrebbe essere il frutto di una campagna pubblicitaria particolarmente riuscita. È scientificamente provato che basta un po' di tempo per farvi ragionare e la regola è semplice: rimandate di un giorno l'acquisto. Perché le *sòle* non reggono 24 ore.

Consigli per tutte le taglie

XXL

Variante necessaria sull'ultima regola della pagina precedente.
Rimandate l'acquisto di un giorno a meno che:

- non si tratti di carta igienica e avete la certezza che in casa sia finita;
- non si tratti di croccantini e il vostro gatto rompe perché sono finiti;
- non si tratti di condom e sarà la sera giusta;

Per tutto il resto, resistere.

XL

Ripetizione del concetto. Come si riconosce la cosa giusta? Nella vita è quella che costa più fatica e non porta soldi. Nella pubblicità è quella che vi attira subito, ma porta soldi agli altri.

L

Aggiornamento: la cosa giusta a volte è anche quella che vi fa litigare con il vostro partner, soprattutto se la pubblicità era quella del diamante per sempre.

M

È la misura consigliata per il vostro televisore. Da quando avete messo in salotto il *cinquantapollici* tutto è più grande: la partita, il film, ma anche lo spot. Qualunque sensazione è mediata da quello che vediamo. Lo sapete che, a Oxford, hanno scoperto che guardare con un binocolo capovolto un pestone su un dito riduce immediatamente il dolore, perché ne rimpicciolisce la percezione? Magari con un *trentaduepollici* vi salvate dalla prossima invasione delle crocchette in promozione, non si sa mai...

S

Passate alla prossima taglia, questa non ve lo *pusha* abbastanza...

XS

Morale di vita per aspiranti testimonial: più *extrasmall* è lo slip, più avrete culo. In certi casi non c'è altro "fondo" d'investimento possibile...

La lingua batte **dove la mente duole**

Subito un esperimento, tanto per andare dritti al sodo.
Donne, chiudete gli occhi e immaginate per un attimo di essere diventate *relationship manager*.
Che cosa vi viene in mente? Forse di essere sedute a una scrivania di mogano *seiperdue*, sfondo cielo ventesimo piano a Manhattan, tanto potere, in agenda un bel weekend di lusso, a casa una cabina armadio di 20 metri quadrati con 100 paia di scarpe e 100 borse, preferibilmente Gucci e Bottega Veneta (perché Vuitton fa troppo liceale fortunata *figliadi*).

Uomini, chiudete gli occhi anche voi e immaginate per un attimo di essere diventati *central maintenance supervisor*.
Quale sogno vi si connette al cervello? Probabilmente, cavalcate una poltrona a schienale ergonomico per aspiranti astronauti, stretti nel vostro ruolo di imperatori assoluti, mentre giocherellate con un sigaro cubano (spento) e digitate distrattamente su un PC il *refresh* delle quotazioni dei vostri titoli a Wall Street (a Piazza Affari no, perché ormai è meno divertente del Monopoli).
▶ *Occhèi* donne, ora che vi siete date alla pazza gioia, prendete coscienza che nel primo caso la scrivania di mo-

gano vi toccherà spesso metterla in ordine, così come è probabile che vedrete 100 scarpe tutte insieme se andate a farvi un giro all'outlet di Incisa, visto che siete solo diventate segretarie.

- Nel secondo caso, cari uomini, dovrete invece accontentarvi di giocherellare con un paio di pinze e un cacciavite, visto che avrete un bel da fare ad aggiustare il seggiolone ergonomico del presidente, in quanto siete inquadrati come supervisori alla manutenzione.

Una volta si diceva che ne ammazza più la parola della spada. Oggi è giusto dire che con la parola anche un cacciavite si trasforma in una spada, un suddito in un re, una segretaria in una manager e così via per una serie creativa e indefinita di titoli (spesso in inglese), che altro obiettivo non hanno se non quello di camuffare la realtà e a volte renderla meno brutta e frustrante di quello che è.
Gli obiettivi sono due:

- tirare avanti in un mondo dove l'essere conta meno dell'apparire (e, tutto sommato, se ci fa bene sentirci *chief*, *senior*, *deputy*, che male c'è?);
- dare un'impressione diversa di quel che si è, sperando magari che qualcuno ci caschi. Perché quello che diceva Einstein ("Pensa a diventare un uomo di valore, non di successo") è stato largamente superato a destra dalla Bentley di Fabrizio Corona.

Se il primo è un meccanismo utile per tollerare la realtà (l'elevazione elogiativa della qualità di un lavoro umile, come potete leggere a pagina 119), il secondo è invece un bieco sotterfugio per cambiarla e, onestamente, possiamo accettare le tentazioni di uno, ma il nostro cervello deve imparare a guardarsi assolutamente dall'altro. Perché in questi tempi (dopo Copernico che ha scalzato l'uomo dal centro dell'universo; dopo Darwin che gli ha contestato la discendenza divina regalandogli quella, molto più terricola, dello scimpanzé; dopo Freud che gli ha mostrato il mondo dell'inconscio deliberante; dopo una bella manica di politici che hanno fatto delle delibere incoscienti la loro missione), uno degli esercizi più diffusi è la manipolazione del linguaggio.

Funziona sui biglietti da visita, ma anche in televisione, sulle scatole dei formaggini e sui messaggi promozionali per vendere mobili e automobili; se è per questo funziona anche sulle veline di palazzo, con le barzellette di lotta e di governo, con i titoloni dei quotidiani e i titoletti dei commenti.

Insomma, funziona sempre.

Considerato che un abitante di una città italiana media viene quotidianamente e inconsciamente aggredito da un migliaio di stimoli pubblicitari, chissà quanti sono quelli – politici, economici, culturali – provenienti dal mondo dei media.

La loro forza è diventata così imponente da costruire un veicolo di imbonimento delle masse, di omologazione delle loro marmitte cerebrali, con pericoli di intortamento culturale (in funzione di interessi che non sono certo i nostri). Diciamolo con termini semplici: le parole, e la loro unione con le immagini, possono allegramente fotterci il cervello.

Il risultato è che siamo diventati sempre più amorfi, siamo allergici a qualunque forma di intrattenimento che preveda un minimo di presenza intellettuale.

Stanno progressivamente sparendo:
- memoria;
- riflessioni;
- partecipazione;
- creazione.

Prontamente sostituite da:
- distrazione;
- torpore;
- fuga dalla realtà.

E tutto parte dal linguaggio, che – come ricordano testi accademici alti, mica quelli "mutandati" come questo – è un attributo essenzialmente umano. Comunichiamo usando parole che indicano categorie concrete di grado sempre più elevato, ma ci serviamo anche di parole astratte che non designano oggetti, ma relazioni o funzioni logiche. È grazie al linguaggio che padroneggiamo una quantità enorme di informazioni con un dispendio minimo di energia e con un rendimento elevato, grazie a quattro funzioni:
- **espressiva** (per segnalare stati d'animo o intenzioni);
- **evocativa** (per influenzare chi ci ascolta: l'esempio classico è il pianto del bambino);
- **rappresentativa** (per dare corpo a un pensiero astratto, come informare su eventi lontani nel tempo o nello spazio);
- **intraindividuale** (per scambiare informazioni).

È miscelando questi elementi, sconvolgendone l'equilibrio per farne emergere (artificialmente) uno sugli altri, che il si-

stema della comunicazione – intesa nel senso più ampio, e peggiore – ha costruito le sue leggi di mercato.
Un sistema sintetizzato dalla TV e ormai assorbito dal resto.
Ecco perché quanto viene celebrato ogni giorno dai media non è il rito della realtà, ma quello del potere.

"Tranquillo, dotto' venga pure..."

Marietto, a Roma, faceva il posteggiatore abusivo al Pincio, prima che arrivassero le strisce blu e il suo lavoro fosse nuovamente inserito tra quelli socialmente utili, quindi affidato a una cooperativa e destinato a un cingalese con la pettorina arancione che non parla italiano, figuriamoci il romanesco.
Marietto, comunque, finché ha potuto, è stato lì e ha dato a tutti quelli che incrociava con lo sguardo a caccia di un buco dove piazzare l'auto – fosse il "cinquino" o la più pomposa delle BMW – diligentemente, e con la stessa enfasi, il medesimo appellativo: *dotto'*, cioè dottore, intendendo con quel titolo il gradino alto della scala sociale, l'uomo da trattare con riguardo e attenzione.
Ha fatto piacere a chi a quell'appellativo non poteva accedere per diritto.
Ha fatto piacere a chi, laureato, magari c'era più abituato e se lo aspettava.
Ma, in fin dei conti, Marietto ha fatto piacere a tutti, perché se c'è una cosa che l'uomo gradisce, è l'essere blandito, accettato, riverito e (apparentemente) rispettato.

Quel cantilenato, strascicato, stornellante *dotto'* risponde perfettamente a quanto di più affascinante e furbesco possa essere creato dal marketing; esprime con semplicità un meccanismo di avvicinamento a voi (intesi come prede e clienti): vi mette a vostro agio, vi "lecca", vi induce alla cortesia nello scambio.

Procura comunque un attimo piacevole, sia nel caso riconosca il vostro status, sia vi porti fuori dalla realtà, regalandovi la carezza di una parola che ve ne riconosce uno, anche se non lo avete.

C'è una branca di studi che si chiama *psicolinguistica*, che ha lavorato molto sulla ricerca delle funzioni che i significati delle parole possono ricoprire. Marietto non era laureato, ma certamente di questa scienza aveva una conoscenza innata. Lui utilizzava il **significato intensivo** con la dimestichezza acquisita sul campo: la possibilità di comprendere il valore di un termine dipende dal livello di consenso sociale sul contenuto proprio di una parola. Si tratta, perciò, di un concetto unitario e condiviso: per intenderci, al di là dell'intonazione sciacquata nel Tevere, omaggiando vaghezze trilussiane, quel "dottore" è riconosciuto dalla cultura dominante come un ossequio, di certo non un insulto.

L'arte del linguaggio contempla poi l'**associazione verbale**: il significato viene dato non solo dalla parola in sé, ma dalla sequenza delle parole da cui viene accompagnata. I test hanno mostrato che queste associazioni hanno relazioni con la classe sociale di appartenenza, con la famiglia, con la professione. I figli le fanno simili ai genitori, i figli maschi più simili ai padri (ma anche i ministri ne fanno di simili al loro presidente, e se è per questo anche certi direttori di telegiornali "associano" il loro linguaggio a quello dello stesso presidente, anche se non fanno i ministri).

Esistono poi il **significato contestuale** – dove il senso varia a seconda del contesto logico in cui è inserita – e il **significato connotativo**, grazie al quale la parola si riempie di valori emotivi indipendenti. È uno degli ingredienti con cui si divertono i pubblicitari: s'inventano il nome di un prodotto, per esempio un profumo, *Marilyn*, poi lo connotano definendolo elegante, sensuale, prezioso, unico, raffinato.

Infine, ci sono gli eschimesi. Nel loro vocabolario, hanno circa 90 parole diverse per definire altrettanti modi di essere della neve. Fresca, molle, dura, gelata, ghiacciata, artificiale, compatta, alta, bassa: noi siamo solo a nove e già ci bolle la testa... Insistete pure, ma non troverete tutte le altre 81 parole con cui indicare la neve. Sapete perché? Perché non vi serve, perché magari abitate a Olbia e la neve l'avete vista in cartolina, oppure abitate a Roma e l'avete vista, ma non ci avete mai dovuto costruire un igloo. E questo è il frutto del **significato estensivo**, l'ultimo che ci interessi davvero: la capacità di comunicare si riferisce alla comunità di appartenenza che ha prodotto quel linguaggio.

Ragionate, adesso, per un attimo sulla (solita) televisione, ma anche su chi ne fa uso per aumentare il proprio potere (sociale, politico, economico, culturale): l'effetto estensivo contiene elementi dirompenti.

Chi ci spinge a utilizzare il "suo" linguaggio, ci spinge a pensare non necessariamente come lui, ma obiettivamente come vuole lui.

Bisognerebbe chiedersi come sia possibile che (per associazione, connotazione e contestualizzazione) termini, una vol-

ta pacificamente condivisi e univoci, possano essere utilizzati con sensi così diversi.
Pensate alla parola "bomba". Che cosa vedete?

- i più ironici di voi la immagineranno forse tonda come una palla da bowling, con una miccia attaccata stile fumetto di Alan Ford;
- altri vedranno un fascio di candelotti di dinamite, magari con un orologio agganciato da qualche parte;
- è probabile che alcuni immagineranno prima i suoi effetti (le esplosioni), piuttosto che l'oggetto in sé;
- ci sarà una minoranza in cui scatterà immediato il ricordo di qualche frammento di telegiornale in cui delle bombe vengono mostrati i danni, vittime e feriti, ambulanze, edifici distrutti.

A quanti di voi è venuto in mente che bomba significa anche scoop giornalistico, tipo "Questa notizia è una bomba"? Nessuno, c'è da scommetterci: ed è un bene, perché significa che ancora non avete perso il senso della realtà.
Sostanzialmente, affidate al termine "bomba" un significato negativo, il vostro cervello non registra la parola come minaccia, ma sicuramente nelle sue prime tre elaborazioni non c'è nulla di vantaggioso.
Allora, sapete spiegarvi per quale motivo la pubblicità di un noto collutorio americano, ora di larga diffusione anche da noi, la utilizza come parola-grimaldello per spingervi a comprarlo?
Non è esattamente realistico immaginare uno che per sciacquarsi le gengive, e tirarsi via un po' di tartaro dai canini, decide di farsi esplodere una bomba in bocca. Eppure è questo

che il linguaggio della pubblicità e della TV vi induce a credere: e lo fa così bene che voi acquistate il collutorio.
Pensate anche ad altre parole, come "democrazia" o "libertà": come si fa a intenderle diversamente da quello che sono? Quando succede (per tutte le parole, non solo per queste), i tecnici della materia dicono che sia il frutto (amaro) dell'instabilità sociale.
Ovvero, quando le parole cominciano a perdere il loro valore essenziale (e cruscante), e pure lo Zingarelli fatica a tenere il passo, significa che sta accadendo qualcosa di importante a livello sociale. Significa che il cervello ha assorbito il cambiamento di una tradizione, di un concetto, di un modo di essere reale e l'ha spesso trasformato in un "modo di dire".
È così che, con l'arma apparentemente pacifica ed esangue della parola, vi sdraiano il neurone.
Leggete questa definizione. "Eterna fonte di amore e uomo più grande mai vissuto": sapete a chi si riferisce? No, non è lui, anche se è verosimile che possa utilizzarla alla prossima campagna elettorale o alla votazione della prossima fiducia alla Camera nel 2035, sebbene non si possa escludere che nel segreto delle alcove imperiali, nel tripudio del citrato di sildenafil, a qualcuno sia sfuggita. Spiacenti, no, la qualifica è di Kim Jong-Il, dittatore della Corea del Nord, che ne vanta altre 1.192 ufficialmente attribuitegli dal protocollo diplomatico del suo Paese.
Ora, forse, non è il caso di aspettarsi l'esistenza di chissà quali balilla del marketing a Pyongyang, ma vale la pena riflettere su quella definizione dove "amore", "eterna fonte", "uomo più grande mai vissuto" hanno significati certamente diversi dalle nostre interpretazioni.

È la prova semplice che sul linguaggio intervengono, per esempio, i regimi e che, come segnale per la democrazia, una progressiva trasformazione del "senso" delle parole può valere come un segnale. (A chi? A noi!)
La parola, insomma, è un'arma. Impropria.
E la televisione se ne serve alla grande, trasformandone continuamente il senso: se, a questo punto, vi viene da chiedervi se la televisione sia (allora) un regime, la risposta ve la siete già data.
Non è neutrale, plasma gli orientamenti, scava nelle coscienze. George Orwell scriverebbe che si impadronisce delle teste occupandone gli spiriti.
Limitiamoci a calcolare che in due ore di TV assorbiamo mediamente 15.000 parole (in un minuto ce sono almeno 100) e di queste ce ne sono alcune che valgono doppio, triplo: se, per capirci, una frase è composta da 10 parole, una da sola può contenere anche più di un decimo dell'informazione totale della frase, in quanto vi sono parole-chiave che contengono più riferimenti (culturali, emotivi, cognitivi) di altre.
La loro potenza di suggestione è straordinaria.
Forse anche ieri sera, tra uno zapping e l'altro, ve ne siete accorti.
Anzi, è probabile che, invece, non ve ne siate proprio accorti, ma non importa: il risultato è identico.

Il teorema della *Bela Gigogin*

Difficile stabilire se sia (solo) colpa della televisione che spaccia modelli irraggiungibili per buona parte di noi; così come è impossibile ritenere innocente la *second life* che viaggia su Internet, dove le relazioni virtuali si sovrappongono pericolosamente a quelle reali, e spesso le superano. Ma un fatto è certo: tutti – chi più, chi meno – hanno voglia di apparire diversi da quello che sono. È la "sindrome dell'avatar", della controfigura permamente, dell'alter ego che funziona da stuntman per emozioni forti. Che poi il più delle volte siano finte, pazienza: su Facebook meglio spacciarsi per tronista o velina, piuttosto che fare la figura di un Fantozzi o di una signorina Silvani.

È in questo scenario (di balle) che è maturata una piccola, grande ossessione dei nostri tempi: la rincorsa al *job title*. Ovvero, la creazione di qualifiche lavorative assurde, ma apparentemente importanti, che finiscono stampate sui biglietti da visita o infilate in automatico in coda alle mail.

In genere, vengono registrate dal cervello di chi riceve come un invito al rispetto e alla considerazione, ormai indispensabili per scalare più rapidamente la hit parade dei contatti sui social network. Per trovare un impiego, chissà...

Altri tempi, quelli in cui bastavano due parole in italiano per spiegare quel che si è e che cosa si fa. Ora no: serve un titolo, nel 99% dei casi in *American English*, lungo e criptico quanto basta per confondere e provocare due reazioni:

1. essere così complesso da non spingere più di tanto all'approfondimento e, quindi, dare per scontato che chi ve lo porge è importante;
2. appagare il desiderio di apparire, elevando le qualità di

un lavoro, a volte, umile e frustrante. (E, se fosse solo per questo, non è peccato mortale.)

Ricorda, volendo, quei titoli nobiliari un po' farlocchi che i *sangueblu* appioppavano alle loro amanti della plebe, un po' per elevarle di rango, un po' per sentirsi meno coinvolti in un ribasso di stile. Le chiamavano mogli "morganatiche" e la Bella Rosina, al secolo Rosa Vercellana, divenne a 14 anni – nel 1847 – compagna clandestina (e analfabeta) di Vittorio Emanuele II che, dopo averla nascosta nel casino da caccia di Stupinigi, le concesse il titolo di Contessa di Mirafiori e, anni dopo, le regalò anche il castello di Sommariva. Odiata dai nobili, la contessa (scalza) fu invece portata in gloria dal popolo, che le dedicò anche una canzone: *La bela Gigogin*.
A questo punto, cavalieri illustrissimi, esimi dottori, caro geometra, pregiatissimi Grand Uff. Lup. Mann.: se volete divertirvi a creare uno status letteralmente eccellente, inventate la vostra qualifica scegliendo a caso tre parole dalla tabella alla pagina seguente, una per ogni elenco (A,B,C), e poi incrociatele tra loro. Se volete, prendete nota del risultato e stampatelo sui vostri biglietti da visita, magari ai self service della stazione, così evitate la grezza con il tipografo.
Se (diventando, per esempio, *chief research officer*) la vostra vita cambierà, fateci un fischio (intonando, sia chiaro, *La bela Gigogin*).
Siamo alla conclusione di un capitolo decisivo, vista l'importanza che il linguaggio riveste per le nostre vite di consumatori, risparmiatori, telespettatori, ascoltatori, lettori.

A	B	C
Chief, principal, lead, senior, corporate, central, global, international, internal, direct, legacy, human	Branding, security, research, implementation, integration, organization, optimization, applications, operations, creative, mobility, data, tactics, communications	Administrator, supervisor, executive, officer, specialist, coordinator, planner, analyst, consultant, strategist, producer, representative

Elenco liberamente tratto da "Gentleman", dicembre 2010, articolo di G. Santini.

Senza farla troppo lunga, aggiungiamo al quadretto l'ultimo concetto utile: il tempo.
La parola, quella intesa nel senso più antico (forse anche arcaico), ha bisogno di tempo per essere compresa, perché trovi un varco nelle coscienze e nei cuori. Con il titolastro che si ritrova, questo libro non è la sede opportuna per lanciare riferimenti teologici alla Parola, che con la "P" maiuscola assume significati di rivelazione. Però, se ci si pensa bene, è grazie al processo della parola (anche con la "P" minuscola) che tra gli uomini si formano le opposizioni tra bene e male, tra giusto e ingiusto.
Il problema è che il tempo della parola, ormai, coincide solo con il tempo del mercato. Slogan, spot: avete capito, ora, perché vanno di fretta? Anzi, perché vi mettono fretta?
Vi ricordate quel *claim*, uno dei più semplici ma incisivi mai realizzati per una campagna pubblicitaria, che nel caso serviva a vendere una purga?

Diceva che "basta la parola". Non è così: per avere forza, la parola, in verità, dovrebbe presupporre il silenzio. È nella misura in cui uno è capace di tacere che dovrebbe essere in grado di parlare. Ma, come sapete bene, c'è troppo casino in giro, troppo rumore: siamo letteralmente bombardati da parole. E, purtroppo, non vendono solo collutori.
(Comunque adesso passateci il telecomando, ché siamo un po' stufi e cambiamo capitolo.)

Consigli per tutte le taglie

XXL

Imparate a usare il linguaggio. Prendete esempio dai pesci.

XL

Guardatevi sempre da chi usa mettere in fondo alle mail uno smile colorato. È un'insidia sociale.

L

Guardatevi anche da chi, per parlarvi, usa solo le mail, sebbene sia vostro vicino di scrivania. È un'insidia asociale.

M

Per guardare la TV ci vorrebbe la patente.
Per farla, invece, ci vorrebbe il porto d'armi.

S

Usare 10 parole quando ne basterebbero quattro è uno spreco di fiato.
Ascoltare 10 parole quando ne basterebbero quattro è uno spreco di tempo.

XS

Dio creò l'uomo a sua immagine.
Eppure non c'era ancora Mediaset...

Cogli **l'attico fuggente**

Chissà quante volte, salendo su un bus o su una metro in certe mattinate lattescenti come le tundre lapponi, vi è capitato di fantasticare sulle vite dei vostri momentanei compagni di viaggio: guardalo là, è il classico avvocato; quella fa l'igienista dentale, la vedrei bene al Pirellone; l'altro sembra un prof (pure di sinistra); quello che ulula al cellulare è tornato dalle Maldive, brutto bastardo (guarda che abbronzatura in gennaio); la filippina invece fa la tata da qualche vecchia "bene" della città "bene" che l'ha regolarizzata a 300 euro al mese più branda; la ragazza tatuata arrotonda nei call center o sui cubi come Ruby, fin quando non incontrerà un premier caritatevole; il pelato somiglia a un calciatore, (massì, quello dell'Inter, *comecavolosichiama*, tanto non è lui); e così via in un insistente, per quanto inutile, esercizio da veri ficcanaso metropolitani per noia.
Quante diversità, quante storie avete immaginato, visto? Sfide, scelte, obblighi, casualità, violenze, amore, odio: c'è un campionario immenso di possibilità che hanno spinto quelle persone a fare quello che fanno e a essere quello che sono.
Ora, però, pensate al vostro condominio e a quello vicino, oppure, in alternativa, al vostro quartiere residenziale (e se

poi vivete in zone scarsamente urbanizzate, o svernate in Papuasia, gradite comunque l'esempio): immaginate per quale motivo i vostri vicini, e i vicini dei vostri vicini, abbiano acquistato la casa in cui abitano.

Soprattutto, chiedetevi perché lo avete fatto voi.

Per quanta fantasia possiate avere, la risposta è una, ed è di una semplicità lontana anni luce dalla diversità delle motivazioni umane che potete trovare in un mattino d'inverno dentro un bus dai vetri appannati che puzza di aglio, fritto e colonia dell'Upim: l'acquisto di una casa è la soddisfazione di un vero e proprio desiderio di possesso. Generazioni di esperti insistono che l'affitto nove volte su dieci sarebbe più conveniente e assennato. E che una differenza importante tra il valore ipotetico di una rata di mutuo e l'importo dell'affitto per il medesimo immobile potrebbe essere tale da permettervi una quota di risparmio da leccarsi i baffi. Ma generazioni di italiani di questo, come si sa, se ne fregano.

Molti potranno dirvi che sognavate il calore del caminetto, oppure potranno spararvi menate come *amoremiofatticapanna*, però poi se sei single che cos'è, una palafitta? Molti altri potranno raccontarvi favole e leggende, citarvi classici e romantici, ma, con buona pace di quel fissato allucinato di Fromm, l'istinto immobiliare rientra soprattutto nella sfera dell'avere e non necessariamente in quella dell'essere.

Scendete dalle arie, mettetevi tranquilli e considerate che proprio questo è il motivo per il quale comprare una casa (per quanto possa lì per lì gratificarvi) è uno degli acquisti più complicati e rischiosi in cui, nel 90% dei casi, farete comunque un errore.

Papi e mami vi diranno che è anche l'investimento più importante della vita, che è un traguardo, che un mazzo con la chiave lunga tutto vostro è segno di maturità e vi affranca dal gruppo dei bamboccioni.
'Sti cavoli, se non ci siete cascati ancora, fateci il santo piacere di non cedere facilmente e leggete le prossime (detestabili) pagine.

Nella vita meglio restare immobili?

Sì, però nel senso di fermi, almeno quando è giusto. Peccato che la maggioranza di noi quel termine l'abbia inteso come Zunino quando sognava Santa Giulia e la parabola del mattone prodigioso. E sognare piace a tutti, solo che tra Updown Court, secondo "Forbes" la casa più bella del mondo – con 103 camere, cinque piscine e una sala cinema da 50 posti – e un 60 metri cucina a vista con posto moto a Ciampino, c'è qualche differenza. Non sempre, però, il nostro cervello le registra nel modo più opportuno, e spesso è in questa fase che si annidano i presupposti dell'errore. Come dire: in caso di casa, il caso vuole che la cosa si complichi.
La chiameremo "sbandata immobiliare" e almeno una volta vi è sicuramente capitata, senza distinzione di razza, ceto o religione: perché tutti, inevitabilmente, spesso desiderano quello che non si possono permettere (e questo vale per chi ha 10 e vuole 100 e per chi ha 100 e vuole 1.000; perché il rischio intrinseco del desiderio è peggio di uno *swap*: è come una scommessa con una copertura incerta, come il tentativo

di fare entrare un Hummer limousine nel box dove, a malapena, ficcate il pandino).
Tutto comincia con il corteggiamento: dopo estenuanti ricerche, tramite indescrivibili scarpinate alla caccia del cartello VENDESI più ammiccante, e dopo aver fatto le ore piccole e saltato la pausa pranzo in ufficio per smanettare su duecento siti immobiliari, avete ristretto il cerchio delle vostre foie a tre o quattro case. Le andate a vedere. Una, due, tre: zero assoluto (non scatta la scintilla), ma con la quarta, con la quarta sentite suonare le campane, se siete in coppia cominciano raid di sguardi veloci e furtivi, perché vi illudete che l'agente non vi abbia sgamato; vi s'impenna la glicemia, la pupilla si dilata e, a questo punto, avete più dopamina in circolo di chi faceva bisboccia, tirando tardi e qualcos'altro, all'Hollywood. L'avete trovata: è lei.
Quanto segue è una guida per fare in modo che all'eccitazione iniziale non segua una serie irrimediabile di errori. Perché dopo potreste sentirvi irritabili, apatici e perdere quella lucidità utile a evitare qualche piccola trappola, disseminata qua e là.
Perché – e questo è il senso – quella giusta, che vi ha fatto girare la testa, potrebbe non essere lei.

La regola del "non sempre". Comprare una casa a volte si può, ma non sempre si deve: è la regola più semplice e giusta per questi tempi di cinghie tirate e futuri imprevedibili. Prendete con le molle i proclami della stampa per i quali "il mattone è in ripresa". Fateci caso: il bombardamento, spesso, coincide con la presenza di pubblicità immobiliari e creditizie nelle pagine che precedono o seguono. Pensate che, nell'ottobre del 2010, qualcuno fu così bravo da fare una bella lenzuolata sulle vendite in aumento in Italia, dimenticandosi di citare la notizia per cui in America, nello stesso mese, le cessioni erano scese del 27,2%. Sviste.

Sì, ma allora chi è che compra? Legittimo chiederselo, e infatti lo fate ogni volta che leggete alcuni reportage mattonari. Però, è colpa dei giornali fino a un certo punto: il problema è che si ragiona in termini di valore finanziario (si sale, si scende), e questo è fuorviante. Soprattutto perché, per esempio in quel fatidico articolo di quel fatidico giorno di ottobre, solo velatamente si spiegava che ad acquistare era il "capitale":

- cioè chi decide di spostare i flussi, per esempio, dal Belize verso società che stanno acquistando i palazzoni da 12.000 al metro che stanno ristrutturando lo skyline di Milano;
- oppure quelli che, stanchi di sollazzarsi con il cartongesso ai Caraibi, preferiscono il cemento delle aree vicine all'Expo;
- ma anche banche, istituti, società che cercano case per i loro manager.

Insomma, è chiaro, non è il vostro giro. La prova? I prezzi nel centro città e per le *case di pregio* (le chiamano così, e già questo ogni tanto fa gonfiare le giugulari di rabbia, manco fossimo iguane) non sono mai scesi, anzi: a farlo sono stati solo quelli delle periferie.

Qual è il momento buono per comprarla? Ecco un'altra di quelle domande classiche, che tutti si fanno dopo aver letto

l'intervista al palazzinaro esperto, per il quale il mercato dà sempre segnali, si muove, finalmente si sta riprendendo, vive una fase di lento ma graduale recupero e via cazzeggiando... Bene, sappiate che non esiste un momento buono per farlo, la casa va comprata quando serve e sicuramente non deve essere un immobiliarista parafurbo, o una pubblicità scaltra, a decidere per voi. È un bene d'uso: se l'acquistiamo per abitarla, non ci sono problemi. Se l'acquistiamo per speculare, rischiamo di lasciare i cocci a figli e nipoti, a meno che non siamo faccendieri di mestiere con residenza a Montecarlo e allora possiamo stare sicuri che i cocci li lasciamo semplicemente alle banche.
Se avete dubbi, chiedetevi: "Il Sole" vi ha mai intervistato? Se la risposta è no, occhio, siete tra quelli che potrebbero mettere a rischio le linee ereditarie.

Perché comprarla? E perché no? È sulla base di questo input malefico, invisibile, universale (troppo americano per essere vero: la letteratura sui *subprime* è ricchissima, chi li aveva un po' meno), che abbiamo deciso di sentirci parte di quella schiera di ragazze e ragazzi fortunati perché gli hanno regalato un sogno (leggi: che la casa potevano permettersela). Nient'altro che un modello consumistico assecondato, spalleggiato e favorito da comportamenti politici, pubblicitari e televisivi.
La domanda da farsi, quella giusta quando scatta il *clic* oltre il quale la fantasia galoppa tra focolari accoglienti e letti a baldacchino è: ma me la posso permettere?
Ora concentratevi.
Ci siamo veramente scervellati per trovare poche regole che vi potranno essere d'aiuto.

(Se avete già 20 case – di cui almeno una ad Antigua e un paio in Brianza – potete saltare il capitolo.)

Niente fretta. Oltre a essere una cattiva consigliera, la fretta è la migliore fiancheggiatrice dell'agente immobiliare. "Ci sono già altre persone interessate"; "Faccia un'offerta subito, il proprietario vuole vendere"; "Non se la lasci sfuggire, è un'occasione" sono le classiche frasi con cui i bravi piazzisti del mattone inoculano in voi, come zanzare tigre, il germe della fregola. In fondo, fanno solo bene il loro lavoro di *stress agent*. Voi però resistete, ragionate e considerate che:

- se la ricerca è andata avanti per mesi senza esito, sarete stanchi e demotivati: sarà molto facile prendere una decisione sbagliata;
- anche se la ricerca è appena iniziata, siete ancora freschi e credete di avere trovato alla prima botta quello che vi serve, correte lo stesso rischio (il culo del principiante qui non funziona).

Cercate i difetti. Ogni casa messa in vendita potrebbe averne più di quanti possiate immaginare. Non è facile trovarli a colpo d'occhio, ma quando ne trovate uno cominciate a rompere, stile goccia cinese:

- ci sono crepe nei muri, forse serve una perizia (e non la pago io);
- gli impianti sono vecchi, sicuri siano a norma?
- gli infissi fanno pietà, sono da cambiare;
- anche i bagni sono da rifare;
- per non parlare dei pavimenti...

Poi, nell'evenienza che l'agente vi faccia notare che siete al cospetto di una splendida casa d'epoca, tenete duro replicando che già Giolitti avrebbe cambiato le porte. Inoltre, nel caso in cui l'immobile vanti mansarde oppure sia all'ultimo piano, fate pressing sul tetto: è da rifare? No? Ma allora quando è stato rifatto? Ci sono state riparazioni ultimamente? Ci sono vincoli? In caso di danni, il condominio (se c'è) paga o partecipa alle spese?

Trattate. Il prezzo è come il rosso delle canzoni di Tiziano Ferro: relativo. Per arrivare a quello della famosa trasmissione di Iva Zanicchi (giusto), il percorso passa attraverso una negoziazione che mai come di questi tempi è la prima, vera regola del gioco. Dovete avere chiaro che:

- i prezzi di "listino" sono sempre gonfiati;
- si può arrivare anche a un ribasso del 10-15%;
- la casa non scappa, quindi non accettate un prezzo a metà trattativa perché temete di perderla.

A proposito di prezzi, non fate nemmeno l'errore di calcolare l'importo basandovi soltanto sulle statistiche, perché:

- quelle ufficiali dell'Agenzia del Territorio sono appena orientative (per non dire farlocche), perché in questo splendido Paese nessuno denuncia il reale prezzo di scambio, visto che è su questo prezzo che poi si pagano le tasse;
- quelle un po' meno ufficiali dei grandi gruppi immobiliari (tipo Gabetti, Toscano, Tecnocasa, *Immobiliare.it*), sebbene siano frutto del mercato reale, spesso divergono perché

nella stessa zona il portafoglio può presentare caratteristiche diverse che si riflettono sul prezzo;

▶ nella maggior parte dei casi gli immobili, ormai, si vendono "a corpo" come le escort, soprattutto quando sono in buone condizioni e la loro pezzatura non va oltre i 60-70 metri quadri. Cioè così è se vi pare, prendere o lasciare, il che significa margine di trattativa meno ampio (di una villa);

▶ non esiste una casa che costi poco in termini assoluti; può, invece, esserci una casa che abbia un prezzo tale da non farvi scendere a troppi compromessi sul suo acquisto con il rischio di svenarvi e non farvi vivere felici (ma allora perché la comprate?).

Alleatevi. Mai come adesso l'agenzia sa bene che si può negoziare e, diversamente dalle fasi di euforia, è un'alleata potenziale che guadagna solo se vende. Sfruttate questa opportunità finché c'è, dato che progressivamente gli spazi per alleanze e trattative si ridurranno (e, dispiace ammetterlo, se non dovesse andare così sarebbe un bel problema, perché significherebbe che stiamo proprio messi male).

Ficcanasate. Applicate il metodo del bus nelle mattine brumose di qualche pagina fa: fatevi i cavoli degli altri. Nel caso di un acquisto immobiliare in zona non frequentata assiduamente, fate un giro nei dintorni del palazzo in varie ore del giorno:

▶ per controllare **chi frequenta il condominio** (studenti e trans, nel rispetto dei rispettivi ruoli, sono sempre chiassosi rompiballe);

▶ per capire **se si trova parcheggio** (in alternativa informatevi su garage e autosilo e chiedete se spellano, limano o tosano);

▶ per accertare **se la zona è rumorosa** (occhio ai cortili in comune ai ristoranti: lavorano quando voi non lo fate, scaricano merci alle ore più strane ed emanano odori non sempre Chanel).

A questo proposito annusate l'aria nella tromba delle scale: se soffiano venti di ragù, il condominio è abitato da famiglie tradizionaliste; al nord la variante può essere risotto e polenta (ricoscibile dal vago sentore *fumé*); al centro stufato, porcini di stagione e peperonata; al sud essenzialmente pesce. Se l'odorato dovesse poi deviare verso punte notevolmente speziate, con folate tendenti al montone cotto, dovrete necessariamente non avere mai votato Lega e credere nell'integrazione con i vostri vicini di casa kebabbari o tamil.
Non dimenticate, infine, di:

▶ dare una **mancia al portiere** e farvi raccontare chi fa cosa e a che ora (anche con chi, volendo, così mappate subito il territorio);

▶ evitare l'ascensore e fatevi le **scale a piedi** per dragare gli usi dei vicini (se lasciano fuori l'ombrello sono sbadati; se lasciano fuori una pianta sono ecologisti; se lasciano fuori le scarpe potrebbero essere islamici; ma se gli ombrelli o le scarpe sono una ventina, sono cinesi garantiti al limone);

▶ prendere nota del nome e del **numero di telefono dell'amministratore** e chiamatelo, con la storia della privacy magari poco vi dice, ma non è detto. Scoprire, per esempio, che chi vi vende l'immobile non paga il condominio o che non lo fanno i vostri vicini sono informazioni molto utili. E, probabilmente, dissuasive.

Fate i conti (bene, però). Se si parla di cultura finanziaria, in Italia siamo zucche. Nessuno pensi a quelle della pubblicità dei conti miracolosi, perché qui s'intende proprio il cervello. Solo dopo i 54 anni, come dicono le statistiche, cominciamo a sviluppare un po' di interesse in più, esclusivamente dovuto alla strizza che ci prende pensando alla pensione. Ma prima di quell'età affrontiamo l'acquisto di una casa (quando capita) come quelli che si buttano felici dagli scogli senza avere un'idea precisa di cosa ci sia sotto il pelo dell'onda. Finisce che toppiamo e poi ce la prendiamo con la calcolatrice, che è un po' come prendersela con il proprio cane se gli scappa e non l'avete portato fuori e lui ve la fa calda calda sul tappeto bukara. Per questo:

- aggiungete al prezzo un 15% di spese (imposte, notaio, agenzia);
- tenete conto dell'eventuale costo di una ristrutturazione: 500 euro al metro, se volete andare al risparmio; anche 1.200, se in bagno volete un mosaico pompeiano come Madonna;
- mettete nel calderone le spese comuni, nel caso andiate a vivere in un condominio: le case hanno bisogno di manutenzione;
- indagate sullo stato della facciata e del tetto, ma anche sull'impianto TV e sull'ascensore. Si tratta di spese periodiche, non frequenti; alcune di loro, però, sono vere botte da orbi;
- nel caso, al contrario, siate alla vigilia di avere la vostra bella bicocca "indipendente", sappiate che la felicità di non

avere vicini scassamarroni e condomìni sanguisuga potrebbe tradursi in spese maggiori (perché chi fa da sé non divide per tre, e multipli di tre...);

- va da sé che nella vostra nuova casa, qualunque sia, dovrete mangiare, dormire e – come dicono le contesse mancate – ricevere, per cui vi serviranno sedie, tavoli, letti e divani. Chiedete alla Ferilli se vi presta il suo;
- sì, lo sappiamo, siete già sulle spese, ma non sarebbe male prevedere un piccolo fondo-cuscinetto che vi difende dagli imprevisti;
- non dimenticate nemmeno di chiedere un rapporto completo sulla tassazione dell'immobile;
- infine, ma è importante, consultate un notaio, perché ci sono talmente tante trappole che è bene poter disporre del parere di un esperto non sarà disinteressato, ma incappare – per esempio – nell'azione di revoca dei creditori della società scannata dalla quale avete acquistato (senza sospettare che fosse così scannata), potrebbe farvi molto più male di un onorario;
- infine, lei: la caparra. Non esiste una percentuale di legge, ci si mette d'accordo, ma se è più alta del 20% è un affronto alla vostra intelligenza. In un mondo perfetto sarebbe giusto che non fosse superiore ai 5.000 euro, ma dato che viviamo da pesci rossi, o tutt'al più tonni, in una piscina di squali, in cambio pretendete una fideiussione bancaria. Siate comunque consapevoli che, in caso di casini, riavere i vostri denari non sarà una passeggiata, perché viviamo in una piscina perfetta (per gli squali).

E adesso sì che siete pronti per l'ulteriore immersione.
La più rischiosa e difficile.

Di mutuo in peggio (con i tassi-bunga)

Quanto segue propone alla vostra attenzione una profonda rilettura degli eventi che hanno portato alla ribalta dell'immaginario collettivo dissoluti riti d'innominabile iniziazione (e terminazione) tribale, passati al setaccio della cronaca con il marchio *bunga bunga*. Perché *bunga*, in malese, ha un significato tutt'altro che paparazzabile e boccaccesco, semplicemente vuole dire "tasso di interesse". Etimologicamente, è un'estensione dello stesso termine che invece, in indonesiano, sta per "frutto" o "fiore".

I bunga, infatti, crescono nella foresta pluviale e li avrete visti magari di sfuggita, saltando da un documentario su Discovery a uno speciale d'avventura su National Geographic: sono quei padelloni rossastri, mezzo metro almeno di diametro, che al posto del pistillo hanno un foro che vagamente ricorda qualcosa di più anatomico.

Frutto, dunque, e chissà quante volte avrete sentito cose tipo: "Quanto 'frutta' questo investimento?" "Sai, mi ha 'fruttato' bene...". Poi c'è anche chi si ostina a chiamare buoni "fruttiferi" certi prodotti geneticamente modificati come le pannocchie del Kansas o i ciliegini da pummarola della Manciuria.

Metaforicamente, comunque, con i tassi-bunga non siamo lontani nemmeno dall'immaginazione dei festini, dai quali – quando si parla di mutui, banche, *sprèd*, margini e commissioni – dobbiamo guardarci per non avere (anatomicamente) sgradite sorprese.

Urgono, come dire, mutande di ghisa.

A volte ritornano. Per la precisione (come direbbe Massimo Alfredo Giuseppe Maria Buscemi), l'hanno fatto alle 16,25 – ora italiana – di giovedì 21 ottobre 2010: è in quel momento che l'indice Dow Jones è tornato dopo ben due autunni lunghi e sofferti sopra gli 11.388,44 punti, cifra che ai più dice zero, ma che per la storia ha sancito l'inizio del crollo seguito al fallimento della perfida e bugiarda Lehman Brothers. Nelle stesse ore in Europa, più provincialmente, ma con la stessa rilevanza storica, l'Euribor (il termometro che misura la febbre al costo del denaro che le banche si prestano tra loro) tornava all'1%, cioè, dopo mesi di straordinaria astenia, pareggiava i conti con il tasso ufficiale della Banca Centrale Europea e forniva allo scenario che si andava delineando sulle due sponde dell'Atlantico un significato preciso: il mercato del credito non era più sotto stress.
L'indomani, apriti cielo: titoloni, articolesse e sospiri di sollievo. Tutti felici per la salute delle nostre banche, peccato per quel dettaglio che ha finito per mandare sotto stress tutti noi, visto che a pagare il conto della ritrovata "normalità" bancaria sono i sottoscrittori dei mutui a tasso variabile, i più "bunga" di tutti.
Guardatevi il box a pagina 139 per fare i conti sul vostro delirio d'onnipotenza immobiliare, ma quelli che ancora non ne soffrono sappiano orientarsi: al 30 novembre del 2010 le banche, nel 60% dei casi, continuavano a vendere mutui a tasso variabile sopra il 2%, quando nella peggiore delle ipotesi i fissi potevano contare su un 4% tondo che avrebbe dato garanzie di serenità e di pagamenti sostenibili (senza viaggiare con la coramina nel taschino) per, diciamo a spanne,

almeno vent'anni. Cioè, in asciutta e dolorosa sintesi, le banche (tornando "normali") hanno ripreso a fare l'esatto contrario di quello che serve ai clienti: hanno spacciato il variabile, quando ormai era lampante che acchiapparsi un fisso è cento volte meglio.
Chiaramente, lo stanno facendo anche adesso.
E allora sveglia, mutuatari *in pectore*, riflettete.

Il paradosso delle scelte. Una volta, scegliere il mutuo più adatto alle proprie esigenze era decisamente più facile. E decisamente più facile era anche scegliere la banca con la quale stipularlo. Intanto, partendo dai seguenti punti:

1. la nostra banca "popolare" erogava un mutuo che non andava oltre il 75% del valore dell'immobile;

2. prima che in Italia si scoprisse che "SUB prime" non era né una muta speciale anti-verdesca per le Maldive e nemmeno un diving di Sharm el-Sheikh, sono arrivati "i furbetti del quartierone". All'inizio si sono passati di mano in mano una petardata di palazzi e, in seguito, qualcuno ha pensato che fosse ora di darli in pasto alle masse. In un'orda d'istigazione all'indebitamento sono così nati mutui più facili ed è decollato il fenomeno del credito al consumo.

Chiudiamo subito questo secondo argomento, illustrandovi però con un pizzico d'invidia l'attuale situazione dei promotori finanziari: molti di loro, cinque anni fa, si sono convertiti alla "religione" della concessione del credito per il SUV, per il televisore al doppio plasma e per la dentiera nuova del nonno. Ora girano in Ferrari (e hanno la residenza fiscale a Zug; come Marchionne, se proprio vogliamo dirla tutta).

Per quanto riguarda, invece, l'istigazione al **mutuo facile**, vi ricordiamo quell'illuminante spot televisivo dove il cliente entra in banca con il cesso sulle spalle, per far capire al popolo non che se la stava facendo addosso all'idea di stipulare

FATTI UN BEL QUARTINO

Nulla è per sempre. Se è vero che negli ultimi due anni i tassi sono finiti sotto le scarpe, è giusto immaginare che ora risaliranno e, malauguratamente, potrebbero farlo con una certa rapidità nel caso in cui l'economia regalasse segnali di grande vivacità, cosa che non sembrerebbe proprio nell'immediato.
Secondo le stime (rilevabili quotidianamente sul mercato londinese del Liffe, se vi piace il dettaglio tecnico-esotico) l'Euribor arriverà all'1,6% a fine 2012 e al 2% a fine 2013. Di quartino in quartino, prima o poi, tornerà comunque ad avere un effetto sui risparmi e sulle previsioni di spesa di chi ha scelto un mutuo variabile agganciato a questo indice. Considerato che l'importo medio dei mutui erogati a fine 2010 era sui 135.000 euro, l'impatto a livello annuale si attesterebbe intorno ai 160 euro al mese per un decennale e ai 190 per un ventennale.

SE L'EURIBOR AUMENTA DELLO 0,25%...

Mutuo 100.000 euro, 10 anni
+11.5 euro/mese = 138 euro/anno

Mutuo 100.000 euro, 20 anni
+12.5 euro/mese = 150 euro/anno

Mutuo 150.000 euro, 10 anni
+17.25 euro/mese = 207 euro/anno

Mutuo 150.000 euro, 20 anni
+18.75 euro/mese = 225 euro/anno

Mutuo 200.000 euro, 10 anni
+23 euro/mese = 276 euro/anno

Mutuo 200.000 euro, 20 anni
+25 euro/mese = 300 euro/anno

Fonte: elaborazione su dati Adusbef e MutuiOnline.

un mutuo, ma che la "sua" banca gli avrebbe finanziato fino al 110% del valore dell'immobile. Cioè la casa, più l'arredamento e ammennicoli vari, compresa la tazza. A quel tempo, poi, con la compiacenza dell'agente immobiliare e del direttore della filiale, forzando un po' la mano sulle perizie si arrivava anche al 120%, perché una bella pacca (sul sedere) non si nega a nessuno.
Sulla scelta del **tipo di mutuo**, le possibilità a disposizione del cliente erano decisamente inferiori. Ma il paradosso della scelta consiste proprio nel fatto che più il nostro cervello ha opzioni disponibili tra cui scegliere, più viene messo in difficoltà e non sceglie.

Oggi i *mutuatari* hanno a disposizione una varietà di queste possibilità: diverse possibilità di mutui a tasso fisso, tassi variabili con CAP, oppure con rata fissa (in questo caso se i tassi salgono aumenta la durata del mutuo); ma anche mutui con pagamento dei soli tassi di interesse e con addebito del capitale a scadenze prefissate (in America la variante *hard* di questo tipo di mutuo consiste nel pagamento dei soli interessi e saldo del capitale in caso di vendita della casa... e sappiamo come è andata a finire).
Ci sono, infine, varianti "miste" con tasso fisso e poi variabile dopo un certo numero di anni, oppure partenza con tasso variabile, che poi diventa fisso.
Insomma, diventa davvero difficile (per non dire impossibile) scegliere al meglio il mutuo più adatto alle vostre esigenze e alle vostre possibilità economiche. Vi diranno che vi fanno un favore, ma la verità è che questa overdose di offerte confonde.

Quale mi conviene? Il miraggio dei soldi facili, contrabbandato con le tecniche più subdole del marketing, ormai pare non riesca più a materializzarsi nemmeno nei deserti intorno a Dubai. Così, grazie a Basilea 3 (vedete pagina 150), siete diventati vittime di un semaforo: sulla vostra richiesta di finanziamento, le banche mettono un pallino rosso se siete più onesti di un qualunque palazzinaro, ma apparentemente più sfigati e poveri di lui; mettono un pallino giallo se conoscete il funzionario; mettono quello verde se è il palazzinaro ad avervi indicato la banca.
Tenendo bene a mente uno dei capisaldi dell'overdose immobiliare degli ultimi anni – e cioè che è stato utile per noi acquistare una casa, almeno quanto lo è stato per l'agente o il costruttore piazzarcela, e per la banca finanziarla dall'alto della sua generosità – considerate che, d'ora in poi, il mutuo che fa per voi:

- non è detto sia quello promosso dalla pubblicità con la scheggia impazzita del cabaret, che per fortuna è passata alle acque (qualcuno però se l'era bevuta anche prima);
- una volta su dieci può essere quello che non avreste mai firmato;
- sette volte su dieci non è nemmeno quello che solerti funzionari di banca insistono a farvi firmare;
- otto volte su dieci non è quello che vostra suocera vi consiglia;
- nove volte su dieci non è nemmeno quello che vi consiglia il parroco;
- ma dieci volte su dieci è quello che nasce da un corretto ragionamento sull'opportunità dell'acquisto di una casa, perché è da questo prezzo che dovete partire e non dalle con-

dizioni del mutuo che vi sembrano buone solo perché vi consentirebbero di coronare un sogno. Comprate forse un Carrera perché vi piace da matti, quando sapete perfettamente che vi potete permettere solo una Clio?

La nuova "regola del terzo". La ricordate, no? Prendete il vostro stipendio (eredità e gratta&vinci esclusi) e dividetelo per tre: la cifra risultante corrisponde all'esborso più ragionevole per entrare nel fantastico mondo dei proprietari di un tetto.

Qualcuno, però, contesta questo criterio, che sarebbe applicabile nel caso di entrate inferiori a una soglia che divide gli italiani medi dagli italiani massimi.

Esemplificando, se guadagnate 5.000 euro al mese, metterne a disposizione 2.500 (addirittura la metà) per una rata non vi farebbe fare il passo più lungo della gamba. Peccato, però, che questo ragionamento funzioni per una quota davvero irrisoria di italiani, ai quali non è certamente dedicato questo libro. Che, verosimilmente, non è dedicato nemmeno a chi contesta il criterio.

Mai troppo lungo. Oltre i vent'anni, calcolando tutti gli interessi, la casa diventa veramente troppo cara: alla fine vi costa come una villa, anche se era solo un *centocinquemetricommerciali* al secondo piano con balcone vista panni stesi dei vicini. E lo sapete così bene da provvedere comunque con mutui-lungometraggio, perché non vi fate la domanda più giusta: è meglio spalmare lo sforzo nel tempo o concentrare il sacrificio in pochi anni? I 20-25 sui quali siete abituati a ragionare sono troppi, ma è vero che possono essere

ROGITO ERGO SUM

Se c'è una categoria con la quale il luogo comune si è accanito, sicuramente è quella dei notai. Sono ricchi senza sudare, la loro firma vale più di un lingotto, alcuni sono massoni, molti sono terroni, poi si sposano tra simili e fanno casta prima che razza. Eppure sono loro che certificano alcuni dei momenti più belli della nostra vita, compreso quello in cui verghiamo col sangue l'acquisto della nostra casa. Sembrerà incredibile ma, nel caso di un rogito, lasciamo a loro molti meno euro di quanto possa sembrare. Motivo semplice: buona parte di quei soldi finisce allo Stato. Guardando le cifre vi renderete conto che un notaio costa meno di un agente immobiliare e di un idraulico. Se già state piangendo per il rimorso, aspettate un attimo: in Italia ci sono decine di migliaia di agenti e di idraulici, ma appena 4.900 notai, cioè uno ogni 12.244 abitanti. Considerato che la spesa media per un immobile è di 250.000 euro e dunque il compenso notarile si aggira sui 1.700 euro, se lo moltiplichiamo per i circa 20 milioni di case in cui vivono le nostre famiglie "proprietarie", si arriva alla cifra di 34 miliardi di euro che, divisa per il numero dei notai, fanno circa sette milioni. Questo l'importo che ogni notaio ha incassato, certo in tempi diversi, per apporre la firma sulla nostra felice condanna. Ora, potete tranquillamente riporre i vostri kleenex, perché non crediamo che il luogo comune, in fondo, possa ferirli più di tanto.

Prezzo vendita:	**200.000 euro**
Compenso notaio netto:	**1.683 euro (0,84% prezzo)**
Imposte:	**7.109 euro**
Prezzo vendita:	**300.000 euro**
Compenso notaio netto:	**1.872 euro (0,62% prezzo)**
Imposte:	**10.453 euro**
Prezzo vendita:	**400.000 euro**
Compenso notaio netto:	**2.061 euro (0,52% prezzo)**
Imposte:	**13.788 euro**

Fonte: Consiglio Notarile di Milano. I compensi sono al netto dell'IVA, i valori catastali ipotizzati nell'elaborazione sono pari a un terzo del prezzo di vendita.

utili: per esempio, a una famiglia con reddito costante, che vive di stipendio da lavoro dipendente, con poche speranze di altre entrate; meno, invece, a un professionista nel pieno della sua capacità economica che ha prospettive di carriera.

Il prezzo del rimpianto. Se c'è (e c'è) un'attività umana suscettibile di rappresentare un costo per noi, e un guadagno per le banche, è il ripensamento. Può nascere da una necessità che in questi tempi di redditi incerti e precariato stanziale è diventata molto frequente. L'importante è che non sia frutto di un certo pendolarismo dei volubili schizoidi delle rate, che hanno già cambiato una volta passando dal fisso al variabile, e vorrebbero rifarlo passando dal variabile al fisso (poi si lamentano se alla terza volta qualcuno in banca non trova i moduli, la firma viene rinviata e il funzionario responsabile non si trova: si mettano una mano sulla coscienza).
A ogni buon conto, gli strumenti per fare di necessità virtù ci sono.

RINEGOZIAZIONE. Si fa con la banca con cui avete giù stipulato il mutuo, ma è bene ricordarsi che lei non è obbligata a sedersi intorno al tavolo con voi. Potete bombardarla di lettere, affollare lo spam delle sue caselle di posta elettronica e minacciarla di esposti a destra e a manca: probabilmente, alla fine, cederà solo per non avervi più tra i piedi. Comunque, non fatevi illusioni: potrete cambiare al massimo la durata del rimborso e raramente il tipo di tasso (passando dal variabile al fisso, perché al contrario vi chiamereste Tafazzi), perché le banche, piuttosto che aumentare il rischio nei vostri confronti accorciandovi la rata, allungheranno la durata del mutuo rendendo eterna la vostra dipendenza.

SOSTITUZIONE. In questo caso le modifiche possono essere molte di più: banca, importo, tasso e anche l'immobile ipotecato. Aspettate a cantare vittoria perché, per giocare su questo banco, la *fiche* costa di più ed è una condizione tale da consigliare il ricorso a questo paracadute solo se riuscite a spuntare un tasso più leggero di mezzo punto (dal 4,5 al 4%, per esempio). Se la sforbiciata non ci arriva, sappiate che bolli, imposte e atti notarili se la ciucciano, e tornate al punto di partenza senza passare dal via.

SURROGA. Il nome fa venire in mente i dadi da brodo, ma la formula è valida, tanto che il marketing di palazzo ha fatto in modo che tutti la chiamassero "rottamazione". Potete cambiare la banca, ma non l'ipoteca né l'importo. È consigliabile nei casi in cui la rata sia diventata un macigno, ma statisticamente si allungano i tempi del rimborso e finisce per essere più un favore alle banche che a voi. Come dire: vi fanno salire su un altro treno, ma non vi faranno più scendere.

Per il resto, potete ingozzarvi di offerte che fanno lo slalom tra variabili con CAP, mutui a rata fissa e durata variabile, e mille altri prodotti che un mercato apparentemente creativo s'inventa per ingolosirvi e farvi immaginare che i soldi ci sono per tutti.
La verità è che, quando i soldi vi servono davvero, farveli dare sarà un percorso a ostacoli degno di un centro addestramento reclute del battaglione San Marco. "Eppure lo diceva

la pubblicità..." Eh sì, lo diceva, ma mica lo pensava. A voi, come sempre, ci pensano le banche: i vostri debiti sono il loro potere ma, finché non lo capirete fino in fondo, penserete che una surroga le seppellirà.
Ovviamente, tutto questo passerà con il tempo e vi accorgerete che, rata dopo rata, passata la sbandata immobiliare iniziale che vi addolcisce i sensi e vi trasforma momentaneamente nei protagonisti del salotto suadente della *vecchiaromagna,* ci sarà anche una montagna di bollette da pagare. Successivamente, prenderete coscienza che quello delle case, dei palazzi e delle costruzioni è proprio un mondo di malta, peraltro bastarda.
Ma non fateci caso: la casa era, resta e resterà un progetto di vita. E infatti i suoi costi li scoprirete solo vivendo.

Consigli per tutte le taglie

XXL

Si parte dal prezzo della casa, non dalla convenienza apparente del mutuo. Se pensate di potervi permettere il mutuo per acquistare una casa che nemmeno lontanamente potreste permettervi, c'è qualcosa che vi sfugge.

XL

Perché continuate a comprare riviste tipo "Sognimmobiliari", "Tuttiarchitetti", "Casatop", "Casavip", "Megaville&Castelli"? Perché, dopo averle sfogliate, non vi accontentate della dritta "sostenibile" sulla scarpiera salvaspazio e volete a tutti i costi cambiare casa?

L

La pornografia immobiliare fa male e può rendervi ciechi. Desiderare quel che non si ha può essere uno stimolo per avere ambizioni. Possedere quel che non ci si può permettere può diventare una condanna. Il risultato di un acquisto intelligente sta nella distinzione tra ciò che si desidera e ciò di cui si ha veramente bisogno. Voi, però, continuate a leggere quelle riviste...

M

Se c'è una regola da seguire quando si vede per la prima volta una casa con un agente, è non dire che vi piace. La successiva regola da seguire, dopo averla acquistata, è evitare di pensare che non vi piaceva poi così tanto.

S

Se in banca, dopo aver firmato il mutuo, oltre alla gioia, vi scappa un'imprecazione, fate in modo che ci sia monsignor Fisichella nei paraggi, così ve la contestualizza.

XS

Antigua e Montecarlo insegnano che in Italia sulla casa non si scherza. Al limite, si mente (e chiaramente, nel nostro caso, vale anche per i mutui che qualcuno potrebbe pagarvi a vostra insaputa).

Salvo buon fine
(ma la fine di chi?)

Capirete voi che:

▶ in un mondo dove un banchiere qualunque porta a casa milioni di stipendio e di bonus;

▶ in un mondo dove un banchiere non qualunque come Profumo se n'è presi 38 per togliersi dagli zebedei di Unicredit;

▶ in un mondo dove altri banchieri imputati di bancarotta (che è un po' come accusare un medico perché ammazza volontariamente i pazienti) restano felici al loro posto; altri, condannati, se ne stanno nella villa di Arzachena o fanno i consulenti di varie società;

▶ in un mondo, infine, dove pure le opere pie dello IOR usano nonne e prevosti per prestanome, ed eludono norme sul riciclaggio, sebbene Marcinkus sia trapassato e al suo posto ci sia un prof di etica che si dice "depresso", mentre il Cupolone si dichiara "stupito";

▶ capirete, insomma, che voi (non potendo vantare il conto numero uno alla Arner) in un mondo così dovete soffrire, perché l'indimenticabile spot (senese) del compianto Pavarotti che diceva: "Conti perché non sei solo un conto", ora non conta più e, sostanzialmente, noi non contiamo ancora una beneamata mazza.

Non si arrabbino troppo, le banche, perché a noi un conto corrente costa in media 114 euro all'anno (dati Bankitalia; 240, dati nostri) rispetto agli 80 di un olandese e ai 90 di un francese e di un tedesco; e se all'inizio del 2010 dovevate tenere sul conto almeno 600 (e rotti) euro per poter sperare in un euro di frutto, al netto di spese e tasse, alla fine del 2010 per lo stesso risultato dovevate tenerceli almeno 1.000, perché il rendimento è dello 0,04%.

Zerovirgolazeroquattro: capito?

Con i tassi BCE all'1% e l'Euribor anche, i nostri soldi valgono 0,04: 25 volte meno di quelli del mercato perfetto immaginato da Trichet e un venticinquesimo del mercato, un po' meno perfetto, definito dagli scambi interbancari. Facendola breve, in ogni caso valgono meno.

A questo punto, alzi la mano chi se la sente di prendere per i fondelli la vecchietta persa nella pianura padana con la sua cascina in dirocco che i suoi soldini se li tiene sotto il permaflex, perché francamente il rischio che qualche badante slava le faccia uno scherzo, mentre rincalza il lenzuolo, equivale ormai al rischio di credito di moltissime banche, e non solo irlandesi. Diciamo che Maria (che viene da Jakovo, cittadina vicino Belgrado) ha saputo integrarsi con quella simpatica vecchietta molto meglio di Mario, umano bancoide che viene dalla Bocconi e che fa il direttore di filiale a Reggello, dove don Camillo e Peppone se le davano di santa ragione (è solo un esempio, eh? Potevamo anche dire Foggia o Montecatini, ma la bassa padana – terra grassa e di bella umanità – ci faceva più sangue...).

Crisi un cavolo, era e resta un problema nostro: le superbanche con lo scappellamento a destra e a sinistra tritano utili e

bonus, caricano i costi della trasparenza sulle commissioni e continuano a fare quello che facevano prima, anzi verosimilmente peggio: guadagnano di più.
Perciò è bene che il nostro cervello torni a registrare questa anomalia, visto che al momento (vuoi per gli spot simpatia, vuoi perché la crisi è finita, dato che oltre all'agendina sono tornati a regalare le penne) si è convinto che tutto va bene ed è tornato a ragionare come vogliono loro: se non prestano soldi a uno povero, il cervello riassume che i poveri non danno garanzie; se li prestano a uno ricco, il cervello approva perché le garanzie ci sono; ma vuoi scommettere che se ti servono 3.000 euro per rifarti i molari e non te li danno, il tuo cervello s'innesca come una mina?

'O scarrafone di Basilea

Basilea, come città, non è un granché. Per questo, il fatto che i banchieri ci siano dovuti andare per la terza volta a firmare quattro insulse regolette sui capitali bancari, è già di per sé una piccola punizione. Poi, certo, quello che è successo di notte in albergo, al Plaza o al Les Trois Rois, dopo aver lasciato la cena di gala un po' alticci e ben accompagnati, saranno pure stracavoli loro.
Sono invece stracavoli nostri gli effetti di quelle decisioni, tali da far ritenere che siano state prese dopo la grande paranza di gala, quando certe baruffe e certi vapori erano ancora nell'aria.
Considerato che la città svizzera prima era famosa nel mon-

do per l'istituto di entomologia, quello cioè che studia gli insetti, l'essersi trasformata nella città del Grande Sistema Bancario, cioè quello che realizza le crisi, l'ha confermata come una delle tappe da depennare dalle guide del Touring.
Di veramente brutto c'è che le regole varate dalla crema dei governatori delle banche centrali hanno a disposizione una decina d'anni per entrare effettivamente in vigore. È stato semplicemente approvato un percorso che parte dal 2013 (quindi dopo il 2012 a rischio giudizio universale, così – se fosse – non avremmo nemmeno il compiacimento terreno di averli visti strippare un po') e arriva al 2019, obiettivamente un periodo immensamente lungo perché non sia legittimo il sospetto che si tratti solo di un rinvio.
Non stiamo nemmeno a discutere di *ratios*, cioè di coefficienti patrimoniali, perché sarebbe troppo palloso. Fidatevi quando vi diciamo che, qualunque essi siano, se vanno bene adesso che sono stati approvati, non è detto che andranno bene per il 2013, 2014, 2015, 2016, 2017, 2018, 2019...
Ora è più chiaro a tutti perché all'indomani del varo, con buona creanza, gli istituti di credito abbiano applaudito questa riforma: perché li ha messi in condizione di proseguire a farsi i fatti loro, perché è veramente troppo *soft* per essere vera. Perché, volendo dirla con una metafora mutuabile dal mondo degli insetti in cui Basilea eccelleva prima di eccellere nelle banche, *ogni scarrafone è bello a mamma sua.*

Sotto il milione sei solo. Molti di noi, purtroppo, non sono abbastanza vecchi da ricordare il periodo in cui conoscevano personalmente impiegati e funzionari della loro banca. Bei tempi, quelli: il *sciùr diretùr* sposava la maestrina

USA IL "BANCOMETRO"

Chiamandolo così, almeno si capisce cos'è: chi apre d'ora in poi un conto corrente può avvalersi dell'Indicatore sintetico di costo (ISC) che permette il confronto tra diversi istituti per scegliere quello più conveniente. Ecco, ora la domanda che vi siete fatti per mesi ("Che diavolo è l'ISC?"), sulla stessa linea di quella che vi fate da anni ("Che diavolo è lo *sprèd*?"), ha una risposta.

Banca d'Italia prevede sei profili di utilizzo e la tabella serve per posizionarvi in quello più simile ai vostri "consumi" bancari per numero di operazioni: se volete cambiare, partite da qui.

Due consigli, però. Evitate di scegliere un conto solo per la sua convenienza; poi, quando confronterete i suoi costi effettivi con il "bancometro", calcolate la differenza: se è bassa, potrebbe dipendere da un uso diverso da quello previsto dal servizio; se è alta, avete sbagliato prodotto e fareste bene a cercarne uno più adatto a voi.

In conclusione, sappiate comunque che i costi di questo rivoluzionario servizio, diventato un obbligo per le nostre banche, sono stati caricati sulle vostre spalle in un modo o nell'altro. Volevate più trasparenza? Pagatela.

CHE CORRENTISTA SEI?

(numero operazioni/anno)

GIOVANI	**164**
FAMIGLIE bassa operatività	**201**
FAMIGLIE media operatività	**228**
FAMIGLIE elevata operatività	**253**
PENSIONATI bassa operatività	**124**
PENSIONATI media operatività	**189**

Fonte: *www.pattichiari.it.*

e metteva radici, McKinsey era solo il nome di un piumino e forse di una birra scozzese, Intesa si chiamava Cariplo e Unicredit si chiamava Credito Italiano.

Oggigiorno, come sapete grazie al risultato concreto delle vostre esperienze da correntisti, potete accedere ai livelli più

alti di conoscenza solo dal milione di euro in su, unica condizione che vi schiude la porta celeste della direzione di filiale, caffè e cioccolatini compresi.
Sotto il milione siete soli:

- nessun dipendente vi dirà più dello stretto necessario;
- nessun dipendente verrà meno alle politiche di marketing della casa madre, con voi essenzialmente matrigna;
- nessun dipendente vi venderà quel che vi serve, ma solo quel che serve alla banca.

Per cui, ribadiamo il concetto. Quando si parla di banche, tutto è andato, va e andrà come da copione: le uniche a guadagnarci sono sempre loro. Ve le ricordate le promesse sulla presentazione del mitico ISC, Indice Sintetico di Costo, che avrebbe dovuto guidarci nella giungla dei servizi bancari più convenienti, tanto per lavarsi la coscienza dopo anni di buio medievale? Bene, gli istituti hanno scaricato sui clienti i costi di questo bel rinascimento e, se è vergognoso che una riforma per il bene dei consumatori si trasformi nel loro ennesimo castigo, è ancora più vergognoso che le regole di "Basilea 3", attese come un argine alla creatività patrimoniale delle banche, siano solo l'ultimo coniglietto che spunta dal cilindro degli illusionisti smanettoni che stanno ai vertici della favola di Bancaneve.
Sappiate che, proprio grazie allo scherzetto "svizzero", il peggio può arrivarci tra capo e collo fino al 2019, per cui occhio, malocchio, prezzemolo e finocchio: leggetevi i prossimi consigli sull'apertura di un conto e come mantenere un rapporto con la vostra banca. Ma fatelo con l'animo di chi è cosciente che a tutto c'è rimedio, tranne che al loro desiderio di arricchimento.

La banca, ogni banca, è come un bulimico davanti a un sacchetto di patatine: voi siete il sacchetto di patatine.
Dunque, se il conto l'avete già aperto...

1. **Fate *toc toc* al vetro dello sportello e chiedete spiegazioni.** Se non vi soddisfano, guardatevi in giro: anche se l'hanno inventato le banche, il sito *www.pattichiari.it* può esservi utile (almeno finché ci sarà, visto che con la solita lungimiranza questo briciolo di trasparenza è finito nel mirino della falce del primo banchiere dell'ABI, che comunque sa usare anche il martello).
Sebbene in certi passaggi tra link e freccine servirebbe un informatico pakistano, le informazioni lì dentro sono complete e garantite, per cui bisogna solo avere pazienza e cercare, e probabilmente troverete ciò che state cercando (se poi soffrite di artrite, mettete sotto i più giovani e fateli lavorare per voi, che se mollano un quarto d'ora Facebook non sarà l'apocalisse, al limite allentate un po' i cordoni sulla paghetta).

2. **Non siate pigri e trattate.** Stampate eventuali condizioni più vantaggiose di altre banche e portatele alla vostra: se insistete, strapperete poco, ma è meglio di niente. Così come è vero che le banche odiano le rogne, perché è nel silenzio degli innocenti che ingrassano, è provato anche che (sebbene non lo ammettano) odiano perdere clienti. Soprattutto odia perdere clienti il direttore, perché è chiaro che, se la filiale va meno bene, a farne le spese sarà innanzitutto lui. Diciamo che, in un ipotetico tira e molla, se i vostri argomenti sono convincenti ("Tolgo l'accredito dello stipendio"; "Porto via il mutuo"; ma anche: "Parlerò male di questo posto a tutti quelli che incontro"; "Farò in modo che vi arrivi una lettera a settimana"; "Scriverò dalle associazioni dei consumatori, alla Banca d'Italia, al-

l'ABI e a Patti Chiari", che non c'entra niente, ma dirlo magari fa molta scena) potrebbe diventare un vostro alleato. Questo, prima che decida di ispirarsi a Harrison Ford ne *Il fuggitivo*.

3. **Verificate il vostro profilo.** Alta operatività o bassa? Fatevi assistere per trovare quello giusto.

- leggetevi, comunque, il box a pagina 152;
- tenete presente che l'errata autocertificazione del vostro profilo (scelta spesso lasciata al caso) è uno degli sbagli più frequenti sui quali le banche contano.

4. **Controllate che non cambino le condizioni senza dirvelo.** Succede più spesso di quanto pensiate, per esempio, che il tasso creditore e quello debitore seguano strade diverse: il primo scende e non ve lo dicono, mentre il secondo sale e ve ne accorgete se andate in rosso anche per sette secondi. È una banca, mica una sfigata società non profit.

5. **Usate Internet.** Funziona, è veloce e costa meno. Poi, effettivamente, visto che eravamo sempre di più a usarlo, hanno pensato bene di aumentare i costi anche lì. Però siamo ancora lontani dai salassi allo sportello. E, a proposito, controllate l'estratto conto via web: eviterete la spedizione a casa, che un costo comunque ce l'ha.

6. **Non riempitelo troppo.** A meno che:

- non sia un conto chiamato Asso, Polifemo, Tiziano oppure – con meno fantasia – Uno, Due e Quindici;
- non sia domiciliato a Zug, Antigua, Asunción, Belmopan o Singapore;
- non siate autolesionisti; in caso contrario, sappiate che tenerci sopra più di un paio di migliaia di euro è inutile. Potete farlo lo stesso, anzi sicuramente già lo fate, ma ricordate che, in un anno, i rendimenti non vanno oltre la cifra

utile all'acquisto di un cappuccio senza schiuma e di una crostatina alle macchinette di fianco ai cessi degli uomini.

7. **Domiciliate i pagamenti.** Quanti più possibile, visto che – tanto per tornare a qualche riga più su – è l'unico domicilio che potete permettervi, mica Zurigo. Innanzitutto:

- non dovrete stare lì con l'agendina in mano a spuntare quando c'è la scadenza del gas o dell'elettricità;
- eviterete le code;
- scoprirete che il servizio ha costi bassi, anche se in molti casi non è più gratuito come una volta.

8. **Bonifici buoni solo *online*.** Sono più economici e farli non è complicato: le banche hanno disposto dei software che riconoscono digitazioni errate e vi avvertono se quello che state facendo ha qualche incompatibilità con le procedure previste. Cavolo, per una volta che vi avvisano della cazzata che state facendo, accettate l'aiuto.

9. **Meglio il bancomat.** Questo vale in via generale. Usatelo per prelevare contanti dallo sportello della vostra banca, perché le altre vi applicherebbero commissioni da cravattari; utlizzatelo anche al posto della carta di credito, ma utilizzatelo solo quando serve. Cioè, non è che se avete il bancomat e molte operazioni sono gratis, diventate più ricchi e sono gratis anche gli acquisti.

10. **Non sfondate il tetto.** C'è un numero di operazioni gratuite che la banca vi concede per determinati servizi. A parte il fatto che sceglie molti servizi che difficilmente utilizzerete, vale la pena ricordare che, superato il tetto di quelli che usate abitualmente, il regalo finisce e scatta la sberla. Per cui, attenzione.

Fin qui quelle due o tre cose utili a non farvi bastonare nella tonnara. Però ce ne sono altre adatte a chi un conto non ce l'ha e vuole aprirlo, oppure ne vuole scegliere un altro. Bisogna farsi alcune domande.

Perché mi serve un conto? Chiedetevi, cioè, se vi serve per accreditare lo stipendio o la pensione, per domiciliare le bollette, oppure se vi serve semplicemente per tenere i vostri soldi da qualche parte che non sia un buco sotto un mattone. Fondamentalmente, chiedetevi se vi serve per pagare o per incassare, cioè per operazioni a debito o a credito.

Che tipo di conto mi serve? Può essere nudo e crudo, praticamente un parcheggio. Ma può anche prevedere assegni, carta di credito e bancomat collegati: tutti o solo uno di loro. È chiaro che se non usate mai assegni, siete patiti dello shopping elettronico e da 10 anni avete domiciliato le bollette, non avete bisogno di una banca "fisica", ma vi basta uno sportello web.

Qual è per me la vera comodità? Per alcuni è avere la banca vicino casa, per altri è averla a due passi dall'ufficio, per altri è averne una accessibile sempre e a qualunque ora (ed è chiaro che si tratta dei candidati perfetti per i canali Internet). Poi ci sono quelli che aprono il conto dove il personale è più gentile, l'addetta ai titoli è gnocca e il funzionario fidi è un figo pazzesco: ma questi sono casi clinici che meritano una punizione da massimo scoperto.

Fatta questa breve autodiagnosi, siete pronti.

Andate in banca e seguite queste istruzioni:

1. fatevi dare una copia del contratto e portatelo a casa per studiarlo. Se avete in famiglia qualcuno che ne mastica più di voi, è il momento di fare quella famosa telefonata;

2. verificate i tempi di rilascio di carte e blocchetti di assegni: non è sempre automatico e, se avete fretta, lo è anche meno (nuova legge di Murphy pronta cassa);

3. da parte vostra ricordate di depositare una somma adeguata, quanto basta per pagare i servizi e le eventuali prime spese: insomma, andare in rosso alla prima curva non è opportuno;

4. ricordate che, una volta firmato, il contratto è valido, ma la banca sarà sempre tenuta a comunicarvi eventuali variazioni delle condizioni applicate: se non vi dovessero piacere, avete 60 giorni di tempo per troncare il rapporto. Poi, però, non ripensateci al sessantunesimo;

5. infine, perché vi sia chiaro una volta per tutte, sappiate che potrete chiudere il conto in ogni momento, per qualunque motivo vi giri in testa, e potrete farlo senza penali o spese. Aspettatevi qualunque cosa: interminabili meline lippiane, il solito modulo in più da firmare, improbabili tentativi di mediazione con funzionari gentili che prima non vi si filavano nemmeno se urlavate in turco. Ma, se siete convinti, arrivederci e grazie. Cambiare banca si può e si deve, quando è giusto. Con due raccomandazioni: che non diventi una schizofrenia e che non vi venga in mente di rimpiangere il calendario che vi regalavano prima.

Consiglio finale. Se non avete tempo, o magari non ve ne importa più di tanto, oppure non siete tra quelli che a cola-

zione mangiano il cornetto con una mano e tengono la pagina del "Sole" con l'altra, tutte queste parole potrebbero essere inutili. Volete, però, un sistema semplice per capire al volo se la vostra banca o quella che avete nel cuore è cara o no, e allora beccatevi la "regola del due": *La vostra banca è cara se al pagamento della prossima bolletta allo sportello chiede più di due euro di commissione.*
E, perché vi sia più chiaro e gradevole il ricordo, sparatevi un rap:

Fregatura non è rara
la tua banca sarà cara
se tu andando allo sportello
ti rifila il gran balzello
Pagare la bolletta?
La prova è già perfetta:
se surclassano i due euro
non è certo commissione
– batti il pugno, fai attenzione –
quella è solo un'estorsione...
(Tunz tunz tunz tunz...)
yeah, sì, quella è solo un'estorsione...
(Tunz tunz tunz tunz...)

Non sarà Fabri Fibra, ma rende.

Il cielo sopra Berlino

Se fosse un rito tribale da festino in villa, sarebbe il Bunda-Bunda. Invece il Bund è solo il *Bundesanleihen*, l'obbligazione governativa tedesca decennale, l'equivalente del nostro BTP, una sorta di "Bot" lungo, sebbene tecnicamente abbia implicazioni molto diverse di comportamento. È innegabile, però, che si trasformi a un certo punto in qualcosa che fa danzare tutti gli altri bond governativi, nel presupposto (sbagliato, ma purtroppo diventato dogma come l'infallibilità del Papa) che la Germania sia la più brava, la più solida, la più stabile patrimonialmente e la più affidabile d'Europa.

Una convezione radicata per la quale nella classifica quotidiana dei rendimenti del settore a lei viene affidato il rischio zero e tutto ciò che è in più, il cielo sopra Berlino, diventa *spread*, ossia il margine che gli altri paesi devono riconoscere ai loro investitori per convincerli a comprarsi i titoli del loro debito pubblico (che, nel solco di questa leggenda che sta facendo molto comodo alla Merkel, è in via ipotetica meno solido, meno stabile, meno affidabile di quello tedesco).

Lo *spread* si calcola in punti. Il 9,2% greco ne vale 920, quello irlandese 660 e così via: il trucco è mettere la virgola dopo il primo decimale. Significa che Atene deve darvi il 9,2% in più di rendimento rispetto a quello di un Bund per convincervi a fare l'opera pia di prenderli. Significa anche che, più la percentuale è bassa, più basso è il rischio.

Il consiglio è di imparare a leggere così queste cifre che all'istante, oltre a raccontarvi la celeste virtù del rendimento, vi mostra anche quella molto meno appariscente (ma molto *badula*) del rischio. Che è volato ad altezza pericolosa, spesso, anche nel cielo sopra Berlino.

PIÙ TI RENDE, PIÙ RISCHI

GRECIA	+9,2%
IRLANDA	+6,6%
PORTOGALLO	+4,8%
SPAGNA	+2,2%
ITALIA	+1,8%

Fonte: elaborazione dati Bloomberg su valori massimi sett. 8-12/11/2010.

La sindrome del "duenetto"

Restiamo sul due.
Della numerologia ce ne infischiamo, ma comunque il due rappresenta la coppia, la sensualità e l'uno più uno inteso come incastro ideale e biologico. Sembrerebbe l'opposto di quanto preveda l'incerta radice etimologica ariana che significa – udite, udite – separazione. Inoltre, se da una parte la smorfia lo rappresenta come una bambina (icona che forse c'entra qualcosa con i pitagorici dai quali era considerato un numero femmina), dall'altra il due a briscola è la scartina per eccellenza tanto che, per una raffinatezza lievemente più anglosassone, chiunque valga come il due di picche non vale un tubo.
Semplicemente, possiamo accontentarci di ricordare che nel calcio, se di gol una squadra ne fa due e l'altra zero, il risultato è tondo. Come dire: suona bene, è il punteggio della supremazia, l'esito senza discussione, la nuova matematica della perfezione (povero il tre che, con la crisi, si è ristretto, ma ora si sta riprendendo).
Una rotondità percentualmente pingue, un paffuto obiettivo sul quale negli ultimi tempi è stato poggiato l'architrave di una nuova (ossessiva) passione italiana: la caccia al 2% di rendimento netto.
Fessi.
In ottima fede, certo, perché morsi alle chiappe dalla crisi come fosse un pitbull, tritati dalla paura per le borse e macerati nella delusione per i rendimenti-caramella dei Bot, fate del vostro meglio per tirare a campare senza tirare le cuoia.
Però, comunque fessi.

Non tanto perché sia sbagliato andare a cercare un parcheggio per quei quattro soldi che vi (ci) sono rimasti, anche se poi bisognerebbe capire a chi fanno capo quei 335 miliardi di euro neri e sommersi che – secondo un rapporto Visa-At Kearney – sfuggono ai controlli, un quarto del PIL nazionale, pari a sessanta, 60!, tondissime leggi di stabilità, le ex finanziarie; e pari, tanto per chiarire, a tutta la ricchezza nazionale prodotta dalla Finlandia che sverna a pane e renna, ma tanto sfigata non è. Tanto meno è sbagliato perché uno non possa fare dei propri

IL POCABOLARIO DEL CREDITO

Le parole hanno sempre un senso, a volte un'anima, ma nel caso delle banche purtroppo hanno anche un costo.

ACCREDITO. Qualcosa entra.

ADDEBITO. Qualcosa esce. Ed è bene che non sia superiore a quello che entra.

ASSEGNO. È un ordine che, tramite pezzo di carta filigranato, date alla banca per pagare qualcuno.

ATM. A Milano fa viaggiare la metro. All'estero fa viaggiare i bancomat (*Automated Teller Machine*).

BONIFICO. Ordine per somme che vanno e vengono. Quando va, ci dovete pagare sopra anche una cresta: dite voi se è giustizia. Quando arriva, chissà perché, è in ritardo.

CARTA DI CREDITO. Illusione di avere molti soldi (vedi capitolo a pagina 50).

CARTA DI DEBITO. Matematica certezza di non averne abbastanza.

COORDINATE. Grazie all'IBAN, quelle utili a farvi raggiungere da un vostro debitore sono diventate "semplici" come quelle del pirata Barbanera per trovare l'Isola del Tesoro.

COMMISSIONE. È come un rapinatore a New York di notte a Central Park: ce ne può essere uno dietro ogni albero. Solo che voi in banca ci andate di giorno (ma sembra di stare, comunque, a Central Park).

DATA VALUTA. Giorno dal quale le somme versate cominciano a produrre interessi. Se ve le versano...

soldi quel che vuole, ma solo perché molti lo hanno fatto seguendo un input che è arrivato *esclusivamente* dalla pubblicità, e non certo da un premio Nobel o da chissà quale altissimo ragionamento preso al termine di un percorso di studio e riflessione. L'avete fatto perché ve l'ha detto una zucca, e non era nemmeno la notte di Halloween.

Ora, con tutto il rispetto per la zucca, per i cloni di Indiana Jones e per quelli che disegnano cerchi nei deserti dell'Arizona e poi dicono che sono intorno a voi, cerchiamo di capire

DOMICILIAZIONE. Servizio utile per eseguire direttamente sul conto pagamenti periodici come le bollette o le rate del mutuo. In un mondo perfetto dovrebbe essere gratis, ma molte banche preferiscono aspettarci dietro l'albero (vedi COMMISSIONE).
FIDO. Un cane. In banca? Un cattivo cane.
IBAN. Una grande invenzione. Probabilmente di Fido.
IMPOSTA DI BOLLO. Obolo di 34,20 euro regalati allo Stato, visto che la banca non ne prende già abbastanza.
MASSIMO SCOPERTO. L'usura senza usurai, perché per fortuna c'è la banca che si ferma a un paio di centesimi prima dell'oblio. Poi vi sorride senza dirvi che può essere l'inizio della fine, perché lei è una banca, è lì da secoli per aiutare quelli come voi. *Slurp*.
ROSSO. Situazione sempre più frequente tra quella metà di italiani che ha fatto uno sgarbo all'ISTAT dichiarandosi scontenta della propria condizione di vita economica, campione mediamente rappresentativo raccolto all'uscita di Pomigliano o Mirafiori. L'altra metà è già al verde, ma è stata intervistata all'uscita dell'Hollywood.
SALDO. In natura è un fenomeno che prende vita a fine stagione e ci fa desiderare maglioni, giacche e giubbotti che non avremmo mai desiderato. In banca è un fenomeno inverso: si svuota proprio durante i saldi.
TASSO CREDITORE. Calcola gli interessi che dovrebbe fruttarvi l'essere clienti a posto.
TASSO DEBITORE. Calcola gli interessi che fruttate alle banche come clienti perfetti che non hanno il coraggio di mandarli a quel paese.

come dovete mutandare il cervello per evitare di ritrovare il gruzzolo pieno di sbreghi dopo il "parcheggio" sui conti di deposito, la grande invenzione della finanza che per le banche sta a voi come il cacio sui maccheroni e le dita nella nutella.

Dopo i Bot, il botto? Non per stare sempre a menarla sulla diversificazione dei portafogli e sulla profilazione del rischio, però la regola da seguire nel caso dei conti di deposito era e resta una: investiteci solo una parte della liquidità, come fareste esattamente con qualunque altro prodotto finanziario. E questo non perché abbia ragione una certa guerriglia informativa che, blog dopo blog, ha creato la leggenda che molti di queste società di alta (e grossa) finanza possano permettersi di regalare il doppio – e anche di più – di un Bot, forti delle loro scorribande ad alto rendimento attraverso i business fetenti delle armi, della droga e del riciclo a manetta di tutto quello che si muove nel mondo parallelo dei denari senza IBAN e senza nome.
No, non è per questo che vi consigliamo di spalmare i vostri denari (come nutella) su tanti panini e non uno solo. Ve lo diciamo perché, alla fine di questo capitolo, il vostro cervello, se anche solo funziona minimamente, avrà registrato che oggi il rischio ha cambiato nome come i partiti, le badanti e le tate, sempre più migranti e internazionali.
Perché, come è successo a Milano sui terreni dell'Expo, se sopra c'è l'erba può anche darsi che sotto ci sia la diossina che inquina la falda.
Perché, come è successo ovunque nel mondo, tutto quello che appare spesso non è (Ruby esclusa: lei era quello che sembrava).

Dunque, i conti di deposito: che cosa c'è sopra e che cosa sotto?

È vero: sono diventati una buona alternativa ai titoli governativi per chi voglia investire i propri soldi ricevendo in cambio, anziché una caramella, almeno un paio di cioccolatini. E se vi chiedete il motivo per cui le banche tradizionali non li propongano, la risposta è semplice: si oppongono al conto classico e un istituto che ha in portafoglio milioni di conti corrente classici che non maturano interessi (soldi che fanno massa e reddito per la banca, ma non per voi) si guarda bene dall'offrirvi qualcosa che gli rovini la classica festa. Un aspetto che, volendo, li fa diventare obiettivamente simpatici.

Senza contare che con i Bot all'1% è sembrato quasi un segno della provvidenza che qualcuno se li inventasse, tirando fuori dal cilindro offerte a pelle interessanti, a patto che si sappia come funzionano:

- i costi sono bassi;
- gli interessi sono più alti di un conto tradizionale;
- spese di apertura e chiusura sono gratis;
- se prevedono una carta bancomat, è gratis anche il prelievo;
- la stessa imposta di bollo è a carico della banca;
- danno diritto, sebbene raramente, a carte di credito senza commissioni;
- ogni tanto prevedono una somma minima per avere un certo tasso, ma non è una regola;
- sono garantiti dal Fondo Interbancario di Tutela: se la banca fallisce, siete coperti fino ai 103.291,38 euro;
- se poi, casomai, vi servisse un finanziamento agevolato, vi fanno pure quello.

D'altra parte, il conto di deposito non è una cuccagna quanto a operatività, perché:

- è un salvadanaio elettronico, non dà quindi possibilità di fare bonifici o addebitare le utenze;
- è tassato al 27% e, a questo proposito, fate attenzione che per riuscire a spuntare il 12.50% non lo aggancino a strani garbugli, come polizze o altra finanza creativa.

Così, a questo punto, se avete ancora il lobo acceso e non stordito dalle zucche, rimane una sola domanda da farsi: come fanno a dare più di un Bot, sempre e comunque? Fanno in modo che le somme depositate sui vari conti multicolori pompatissimi dalle pubblicità (cioè i vostri soldi) vengano girati da abili gestori su investimenti a basso rischio, in genere sul mercato obbligazionario che fa riferiemento a titoli emessi da società blasonate e da governi di onorata e specchiata solidità.
Convenzionalmente, tutte queste caratteristiche si fanno discendere da un *rating* che deve essere pari almeno a una bella "A", corrispondente al grado *investment grade* che la prassi continua a posizionare al di sopra di ogni sospetto (ed è inutile dilungarsi sul fatto che chi si fida ciecamente delle agenzie di *rating* crede anche alle fate, agli ufo e alle profezie Maya).
Bene, tenendo presente il contenuto del box nella pagina seguente e considerando solo le valutazioni di Standard & Poor's, la tripla A ("AAA") che ricorda gli annunci sporcaccioni sulle pagine delle *free press*, è appuntata come una spilletta sul bavero di Stati Uniti, Gran Bretagna, nemmeno a dirlo Germania, ma anche Francia e Danimarca; la Spagna

Se la più verde rimane al verde

James Joyce, celebre scrittore nato a Rathgar, quartiere alla moda di Dublino, nel 1906 disse a un amico di avere scelto la capitale come ambientazione del suo più famoso romanzo, perché gli sembrava "il centro della paralisi". Un secolo più tardi, Dublino è diventata, però, il centro di una disinvoltura finanziaria e fiscale tutt'altro che paralizzata che ha rischiato di far schiantare l'euro e l'Europa. E, se andate a zonzo sui siti del *real estate* irlandese (basta cliccare su *www.remax-ireland.com*, oppure su *www.daft.ie*), scoprirete che un bel bilocale a Rathgar, più precisamente in Brighton Place, dove nobilmente nacque proprio lo scrittore, si compra per sfregio alla metà di un anno fa.

Sapete qual è il più pericoloso problema emotivo che scaturisce guardando la situazione irlandese? Non capire fino in fondo che cosa è accaduto, perché spesso i rischi che hanno fatto la differenza sono rimasti nascosti tra le pieghe dei reportage e tra le righe della cronaca delle emozioni di un paese che suscita istintivamente simpatia, forse perché sbevazzano tutti come spugne e sono spesso così cotti da non sembrare pericolosi. Ma non è così.

I 40 miliardi caricati sul bilancio pubblico irlandese nel 2010 per colpa del salvataggio di alcune banche spericolate (stile Lehman Brothers) sono apparsi subito immensamente inferiori alle dimensioni reali del macigno: la verità è che, come accadde con la grande banca americana poi fallita, serve tempo per fare esattamente i conti.

Insomma, ci sono di mezzo le solite banche, però non affliggetevi troppo: dai 222 miliardi di esposizione delle inglesi e dai 215 delle tedesche, si scende ai 30 delle nostre.

Tasse basse: è su queste che la verde Irlanda ha costruito un modello di leggerezza da quasi-paradiso fiscale. Avete presente il grande fenomeno di Ryanair?

In Italia è sotto inchiesta per non aver mai pagato un euro d'IVA nonostante da noi voli e sorvoli (350 milioni di evasione, secondo le accuse) da anni, tenendosi chiaramente ben stretta la sede in Irlanda, dove lei e le altre imprese pagano il 12.5% di tasse (da noi, per intenderci, la pressione fiscale supera il 60%, la media europea è sul 40).
E non è tutto: molte fiduciarie di rientro dell'ultimo scudo hanno avuto alle spalle società di diritto irlandese, così come è possibile che certi prodotti "tranquilli" nel vostro portafoglio presentino una (piccola?) quota di investimenti in Irlanda, meta tra le preferite dei fondi pensione.
"Nei pub non piove mai", dicono a Dublino ai turisti che si lamentano dell'incessante spray dal cielo. Ma ecco una raccomandazione, perché non piova per noi sul bagnato: su certi obbligazionari area euro "miracolosi" non è più il caso di giurare. E, se vi capita, una domanda al responsabile titoli della filiale non costa niente. (La domanda successiva fatela sul Portogallo, quella dopo sulla Spagna e la prossima ancora indovinatela voi, altrimenti andate al test di pagina 176.)

ha una significativa "AA", il Portogallo una "A-" (si legge "A meno"); noi abbiamo una rassicurante "A+", la stessa di Cina, Slovacchia, Sudafrica e Trinidad (tanto per essere vari), e un gradino più su di Malta e Polonia; sulla Grecia* nessuno può avere dubbi, parla chiaro un *tranchant* "BB-" (si legge

* La Grecia truccava i conti pubblici: l'hanno fatto per anni le più "alte" istituzioni del Governo e della banca centrale di Atene. Tutto questo per rientrare negli europarametri del rapporto tra deficit e PIL e tra debito e PIL. Ma anche per fare in modo che le emissioni dei titoli di Stato avessero *rating* più alti, la Grecia non si svenasse in interessi e apparisse coperta e garantita almeno fino alle colonne d'Ercole. Poi, come si sa, ha fatto la fine di Atlantide.

"doppia B meno"). Ma che cosa dovrebbe razionalizzare il vostro cervello scoprendo che la verde Irlanda** (con i conti al verde) al 23 novembre 2010, dopo aver collezionato qualche milione di articoli terrorizzanti sulla stampa mondiale, aveva ancora una spilletta con un giudizio "AA-" cucita sul suo maglione Aran di lana grezza?

Che cosa mai potrebbe elucubrare un cervello fino a quel momento martellato di notizie allarmanti, se Standard & Poor's diminuiva questo giudizio a una comunque incoraggiante "A", nelle stesse ore in cui Dublino varava un piano di austerità da 15 miliardi che tagliava gli stipendi, ma manteneva intatta la miracolosa tassa sulle imprese al 12.5% (10 punti più bassa della media europea, e così magari qualcuno ha più chiaro il motivo per cui Ryanair ha potuto trinciare la concorrenza con il suo modello low cost)?

1. Che qualcosa di simile era successo con Parmalat e con Lehman Brothers: il cartellino rosso è arrivato quando erano già fallite e voi le avevate ancora in saccoccia (e anche che per trovare un paradiso fiscale non bisogna per forza andare in Belize o a Singapore);

2. che errare è umano, ma le agenzie di rating perseverano;

3. che è bene imparare a fare i conti da soli, evitando di fidarsi delle pubblicità e delle mode.

** L'Irlanda non truccava i conti pubblici, ma li ha dovuti drenare per andare a coprire i buchi delle sue banche che li truccavano. Come ha detto Paul Krugman, "punire la gente per i peccati delle banche è peggio di un crimine, è un errore". Onestamente, saremmo tutti molto più soddisfatti se, finalmente, fosse anche un crimine.

Ammettetelo: nonostante tutto, e su qualunque investimento puntiate, preferite chiedervi innanzitutto quanto renda, piuttosto che quanto vi faccia rischiare.
Resettate il concetto e ricordate: rischio e rendimento sono solo le facce della stessa medaglia.
Tutto sommato, gli ultimi mesi hanno regalato la possibilità (se l'avete colta) di ricevere una lezione da un mercato accessibile e popolare come quello dei titoli di Stato europei. Una lezione che, purtroppo, tutti chiamano "*spread* sul Bund", così finite come al solito per non capirci un fico secco. Ma, al di là dell'oscurantismo linguistico, il concetto è elementare. Riguardatevi la tabella a pagina 160: quel 6,6% in più rispetto ai bond *teteschi di Cermania* offerto dalla scannata Irlanda è il termometro del pericolo o, come sarebbe più giusto chiamare il rendimento, è un premio al rischio. Prova ne sia che la Grecia deve arrivare addirittura al 9,2% perché il gioco valga la candela.
Capirete adesso che la caccia al "duenetto" che vi appassiona così tanto ha, verosimilmente, meno rischi di molte altre cose, ma non ne è esente. Con un Bot in bilico sull'1-1,5%, chi vi dà il doppio magari non investe in Irlanda o Grecia, ma sfidiamo chiunque, a questo punto, a mettere la mano sul fuoco per il Portogallo, un po' anche per la Spagna (e poi sotto a chi tocca, ma a chi tocca?).

Consigli per tutte le taglie

XXL

Vuoi per gli spot simpatia, vuoi perché oltre all'agendina sono tornati a regalare le penne, le banche per voi restano sacre. Se non prestano soldi a uno povero, vi convincerete che non c'erano garanzie. Se li prestano a uno ricco, vi convincerete che le garanzie c'erano. Ma se non li prestano a voi, scommettiamo che andate in bestia?

XL

Tante persone, che decidono seguendo la pubblicità, diventano una moda. Passi per quella delle sfilate che spingono per le vite basse, i bombolini scoperti e i pancini a rischio colite; passi un po' meno per le mode che toccano i portafogli, perché quelli sì che possono davvero essere dolori di panza.

L

Avete un conto, o anche due, e partecipate attivamente alla vita di una banca come clienti? Per il nuovo dizionario delle scienze economiche voi siete "bancarizzati". Avete un conto che non vi soddisfa, o anche due ma non se ne salva uno, e vorreste partecipare attivamente alla vita di una banca come clienti informati e rispettati, ma questo non succede? Per il nuovo dizionario delle realtà umane voi siete "bancarincazzati".

M

Evitate di lasciare sul conto corrente più di 1.000 o 2.000 euro: gli interessi sono ridicoli. E verificate sempre che i costi che vi stanno applicando siano effettivamente quelli che vi aspettate e che avete trattato: hanno il vizio di cambiarli senza dirvelo.

S

State attenti al "tetto" delle operazioni: se ve ne hanno concesse un certo numero gratis, finito il bonus, quelle che vengono dopo ve le fanno pagare a caro prezzo come le consumazioni successive alla prima (*free*) in Costa Smeralda.

XS

Se sul conto di deposito, anziché il due, vi danno il tre netto (e figuriamoci il quattro) andate a vedere un attimo che fine hanno fatto Irlanda e Portogallo.

Mettitelo in test

Ne so una **più di Bertoldo?**

Questa non è una prova spaccacervello di alta selezione "bocconiana", quanto una breve (e semiseria) seduta di autocoscienza. Verificheremo se il vostro cervello registra certe notizie, a volte solo apparentemente di poco conto. La storia insegna che il peggio, ormai, sta nei dettagli.

1. Ho sognato un cavallo disperso nella prateria.

A. È scappato dal cofano della Ferrari per vergogna dopo il GP di Abu Dhabi.

B. È stato lasciato libero nei sobborghi di Dublino per colpa della crisi.

C. È uscito dal noto proverbio economico: "Puoi portarlo all'acqua, ma non costringerlo a bere".

2. Se vi dicono che sono andati *short*, voi pensate:

A. Cavolo, sono finiti in mutande.

B. Cavolo, che figura presentarsi a una festa a mani vuote.

C. Hanno venduto un titolo senza averlo e lo hanno ricomprato al ribasso (e col cavolo che voi ci riuscite).

3. Scusi, lo preferisce "postergato"?

A. La banca mi sta proponendo rapporti contronatura.

B. La banca vuole rinviare anche stavolta.

C. La banca vuole una mia foto per regalarmi un poster come miglior cliente dell'anno.

4. Non ci resta che piangere:

A. Un film.

B. Magari fosse solo un film.

C. Il titolo del prossimo libro di Krugman.

5. L'anatocismo è:

A. Una nuova malattia delle vie respiratorie causata dall'esposizione prolungata su una torre o sul tetto di un'università.

B. Una patologia ortopedica di difficile diagnosi, ma di facile terapia.

C. Una patologia bancaria di facile diagnosi, ma di difficile terapia.

6. Schatz e Bubill sono:

A. I rottweiler da guardia della famiglia Merkel.

B. Nomi bavaresi con cui si indicano

il canederlo asciutto e quello in brodo.
C. Titoli di Stato.

7. "Il peggio è alle spalle..."
A. Parola di Trichet.
B. Parola di Emma Marcegaglia.
C. *Ipse dixit* (ma *Ipse* chi è?).

8. Con lo scalone...
A. Si va in pensione a 65 anni dal 2012.
B. Si dovrebbe andare in pensione a 65 anni dal 2012.
C. Scommettiamo che si va in pensione a 70 anni dal 2020?

9. Ti venga una cedolare secca!
A. Scherzoso augurio che i piccoli proprietari immobiliari si scambiano tra loro.
B. Modo di dire molto in voga tra gli studenti universitari in affitto.
C. Titolo di un ambizioso progetto governativo.

10. Leggendo questo libro, ho capito che il "duenetto"...
A. È il nuovo cremino fondente-vaniglia della Motta.
B. È la nuova spider dell'Alfa Romeo, prima che se la compri Volkswagen.
C. È una bella invenzione di marketing, perché *du punt is megl che uan.*

	A	B	C
1	2	3	1
2	2	1	3
3	3	2	0
4	0	2	3
5	1	0	3
6	2	1	3
7	0	0	3
8	3	2	3
9	3	1	2
10	1	0	3

Fino a 10 punti: sapete di non sapere e ve ne fregate altamente. Saltate le pagine di economia per principio e, in genere, sono quelle che utilizzate per accendere il caminetto. Non lamentatevi se però, tra una svista in banca e una al supermercato, un giorno vi bruciate i *ciapp*.

Tra 10 e 20 punti: coscienti quanto basta a galleggiare. E infatti, al più, riuscite a fare la figura del canotto (Bertoldo ne sa ancora più di voi).

Oltre 20 punti: non solo sapete chi è Krugman e ci scherzate sopra, ma avete anche qualche sospetto sull'identità di *Ipse*. Ma se sapevate quella dei cavalli "scossi" in Irlanda, vi state evolvendo a un Pokémon superiore.

Scopri se sei **bastardo dentro**

Il cinismo (e sia detto cinicamente) negli affari è sempre stato un ingrediente utile, ma ora è diventato necessario. E non solo per gli affari, dato che avere la possibilità di leggere gli eventi inforcando le lenti del bastardo può rendervi più felici, meno frustrati e un po' più corazzati. Dispiace dirlo, ma da bastard inside *si guarda avanti molto meglio.*

1. Qual è lo Stato che nel 2010 aveva un rapporto tra debito e PIL del 120%, peggiore di quello registrato dalla Grecia quando ha fatto flop?
A. Il Portogallo.
B. La Spagna.
C. No, non dirmelo!

2. Ci sono un disoccupato francese, uno tedesco e uno italiano. Il primo chiede a Sarkozy di aiutarlo. Sarkozy dice "Oui", poi tira fuori una mazzetta di euro e gli regala un centone. Il secondo chiede alla Merkel di aiutarlo. La Merkel dice "Nein", però poi lo piazza alla Volkswagen.
Il terzo...

A. Si propone come stalliere ad Arcore.
B. Si finge crucco e va da Marchionne per proporgli il modello tedesco.
C. Gioca al Superenalotto (perché, purtroppo, non c'è veramente altro da fare).

3. L'Irlanda è fallita per colpa:
A. Di una consonante (era sempre la solita Islanda).
B. Delle banche (erano sempre le solite banche).
C. Del suo Governo (ladro, perché a Dublino piove sempre).

4. La Grecia è fallita per colpa:
A. Di Platone.
B. Di molte banche straniere.
C. Dei suoi governanti.

5. "Il Papera." Soprannome di...
A. Un ministro.
B. Un calciatore.
C. Un giornalista.

6. Nel maxiprocesso di primo grado Calisto Tanzi si è beccato 18 anni di carcere.
A. È inutile, tanto non li farà.
B. È utile, perché così si capisce che d'ora in poi i bancarottieri non la sfangano facile.

C. È un'ingiustizia prendersela con un povero vecchio.

7. Sempre su Parmalat. La sentenza di primo grado ha previsto due miliardi di risarcimento per l'azienda nata sulle ceneri del crac.
A. Banche fortunate!
B. Troppo pochi!
C. Che vergogna!

8. L'abolizione del segreto bancario in Europa dal 2015 è...
A. Un'illusione.
B. Un grande risultato.
C. Un favore al Belize e al Paraguay.

9. Il caso Finmeccanica. I fondi neri nelle grandi aziende di Stato:
A. Ci sono sempre stati e sempre ci saranno.
B. Ci sono, ma sono "aziendali" o "personali"?
C. *Aridatece* Craxi e la *Diccì*!

10. Fiat tentò di sbarcare in Cina con la Panda 4X4 e fece flop:
A. Perché i cinesi vanno in bici.
B. Perché portava sfiga.
C. Perché era un'auto troppo piccola.

	A	B	C
1	1	2	3
2	2	3	1
3	3	2	1
4	3	2	1
5	3	2	1
6	3	2	1
7	3	0	1
8	2	1	3
9	2	0	3
10	1	3	2

Fino a 10 punti: siete i vincitori perfetti dei campionati di bon ton. Scrivete a Lina Sotis almeno una lettera a settimana su come si porge l'altra guancia, e quando vi rigano la macchina dite che è stata colpa vostra perché l'avete lasciata nel posto sbagliato al momento sbagliato. Praticate l'ascetismo delle emozioni quotidiane: ma, più che bonzi, siete gonzi.

Tra 10 e 20 punti: siete cinici quanto basta a superare qualche vecchietta in coda al banco salumi, ma solo quando è rotto l'apparecchio che sforna i numeretti. E infatti, più che cinici, siete gli italiani perfetti: forti con i deboli, ma deboli con i forti. Scommettiamo che, se al banco salumi arriva Marchionne, lo fate passare e gli chiedete lo sconto per il pandino che non ha venduto in Cina? Comunque, non l'hanno venduto perché laggiù il quattro porta sfiga...

Oltre 20 punti: ah sì, per essere bastardi, siete proprio dei grandissimi bastardi. Se avete risposto A alla numero sette (perché avete capito che molte banche colpevoli di aver piazzato obbligazioni avariate alla clientela sono diventate azioniste della nuova Parmalat, e così i soldi rientrano loro dalla finestra, addirittura come "parti lese"), raddoppiate il punteggio. Se però avete risposto A alla numero sette a caso, lo triplicate, perché avete capito che le banche sono comunque fortunate e, per quanto voi siate bastardi, loro lo saranno sempre più di voi.

Vuoi scendere **dal pero?**

Lassù si sta un gran bene. Ma la verità è che, se uno non scende, non potrà mai andare in giro a raccogliere altri frutti e per lui, o per lei, il mondo sarà fatto solo ed esclusivamente di pere. Le domande sono molto varie: alcune cercano di individuare il grado di comprensione di questo libro; altre di quanto leggete sui giornali o assorbite dalla TV. *Perché ci sono anche i cetrioli, ma per questi abbiamo le mutande di ghisa.*

1. La prima regola dell'acquisto intelligente è:

A. Chiedersi se serve davvero.
B. Chiedersi se costa troppo.
C. Chiedersi se il vicino ce l'ha già.

2. Quando cerco la verità su un argomento economico, penso che quello che viene detto nei talk-show:

A. Sia più chiaro di quello che scrive "Il Sole 24 Ore".
B. Sia più accessibile a un ignorante come me.
C. Serva a Bruno Vespa per vendere libri e a Ilaria D'Amico per leggerne, ogni tanto, qualcuno.

3. I politici che raccontano barzellette, lo fanno:

A. Perché così dicono quello che pensano senza pagarne le conseguenze.
B. Perché così evitano di dire la verità.
C. Perché non riuscirebbero, comunque, a dire cose serie.

4. I politici che si fanno le punturine, invece:

A. Fanno bene.
B. Fanno del bene.
C. Si fanno.

5. Cinema. Nel primo *Wall Street*, Gordon Gekko (Michael Douglas) diceva che la più grande comodità dei nostri tempi è:

A. L'informazione.
B. La speculazione.
C. La doccia.

6. Chi è Giuseppe Mussari?

A. Un interprete shakespeariano che, ogni tanto, Mannoni invita su Raitre.
B. Il mediano del Siena.
C. Un banchiere falce e martello.

7. Vi è arrivata a casa una busta con un bollino luccicante. Dice: "Dentro c'è un'occasione d'oro per voi".
A. "Che bello, sono un cliente importante!".
B. La stracciate senza leggerla.
C. La leggete e poi, eventualmente, la stracciate.

8. Vorrei tanto cambiare banca, ma non lo faccio perché:
A. La mia banca è differente.
B. Mi costerebbe troppo.
C. Tanto una vale l'altra.

9. "Quota 96": che cos'è?
A. L'ultima vetta scalata da Messner (ormai gliene bastano quattro per arrivare a 100).
B. Un livello di decibel oltre il quale c'è l'obbligo di insonorizzare le camere d'albergo.
C. La matematica certezza di avere lavorato tanto per diventare povero, un giorno...

10. D'ora in poi qualunque acquisto sopra i 3.600 euro verrà segnalato al Fisco con l'invio del codice fiscale. Si potrà, così, verificare se chi si permette di comprare l'orologio da Cartier, o il set di valigie da Vuitton, dichiara il giusto o fa il furbo. Che cosa succederà?
A. Che manderanno i filippini a comprarli per loro.
B. Che i negozianti accetteranno pagamenti a rate.
C. Che, finalmente, beccheranno qualcuno.

	A	B	C
1	3	1	0
2	1	2	3
3	3	1	2
4	1	2	3
5	3	1	2
6	0	0	3
7	0	1	3
8	1	2	2
9	1	1	3
10	2	2	1

Fino a 10 punti: sul pero ci avete fatto il nido e non volete scendere. Vi accontentate di sapere quel poco che basta a non cadere. Ma siete ottimi bersagli.

Tra 10 e 20 punti: ogni tanto scendete, però poi risalite sempre. In genere perché i cetrioli vi inseguono.

Oltre 20 punti: né pere, né cetrioli. Per fare male a voi ci vorrebbe un cocomero. In certi casi, probabilmente, avete letto questo libro trovandoci cose che sapete già. Allora l'invito è il solito: non fatelo marcire in qualche libreria del corridoio. E regalatelo a qualche testa di pera.

"Cognito" **ergo sum**

Fin qui con i test abbiamo scherzato (solo in parte, però). Le 10 domande che seguono riguardano un'indagine (flash) sulle vostre capacità di riflessione cognitiva: saranno utili a scoprire da quale parte state, quando fate una scelta. Ci possono essere impulsi che vi spingono a scegliere per necessità, per caso, per giustizia, ma anche per coerenza o, addirittura, incoerenza.
Sarebbe, a questo punto, inutile ricordarvi che, a prescindere da qualunque cosa si scelga anche con le migliori intenzioni, c'è un fattore che domina spesso gli effetti delle vostre decisioni in modo assolutamente indipendente da voi.
Indizio: manca a Paperino, ma non a Gastone…

1. Il dilemma del prigioniero
Siete in prigione con un complice e l'accusa presume che abbiate commesso insieme un crimine. Il direttore del carcere vi comunica che l'entità della pena che dovrete scontare dipenderà da una serie di opzioni di scelta, tra le quali la confessione del crimine. Ecco i possibili scenari tra i quali dovrete scegliere:

A. Se uno dei due confessa e l'altro no, il primo sarà liberato, l'altro invece condannato a vent'anni di carcere.
B. Se nessuno dei due confessa, entrambi riceveranno una condanna di due anni.
C. Se confessate entrambi, ciascuno dei due trascorrerà cinque anni di prigione.

Il dilemma da affrontare è quindi confessare o non confessare. Qual è la soluzioni migliore da adottare?

2. Una racchetta e una confezione di palline costano 110 euro. La racchetta costa 100 euro più delle palline. Quanto costano le palline?

3. Un campo da calcio deve essere completamente ricoperto di erba per la stagione successiva. Non avete i soldi di Moratti e dovete ricoprire l'intero rettangolo partendo da un quadrato di zolle. Ogni mese le dimensioni delle zolle d'erba raddoppiano. Se ci vogliono 48 mesi per ricoprire l'intero campo, quanti mesi ci vogliono per ricoprire metà campo?

4. Se cinque macchine impiegano cinque minuti per fabbricare cinque arnesi, quanto tempo impiegano 100 macchine a fabbricare 100 arnesi?

5. State andando alla partita; arrivate allo stadio e all'ingresso vi accorgete di aver perso il biglietto, che costa 100 euro. Cosa fate, ricomprate il biglietto? State andando alla partita; arrivate allo stadio e quando estraete il portafoglio per acquistare il biglietto vi accorgete che avete perso 100 euro. Che fate, comprate ugualmente il biglietto?

6. Vi viene offerta la possibilità di investire il vostro patrimonio in un fondo azionario e in un fondo obbligazionario. In che percentuale ripartite il patrimonio nei due fondi? Ora vi viene ampliata l'offerta e potete scegliere tra un fondo obbligazionario, un fondo azionario e un ulteriore fondo azionario. Come ripartite, percentualmente, il vostro investimento nei tre prodotti?

7. Weekend sulla neve, non siete con la Mignetti e le sue amiche dell'"Orsettina", ma con un vostro amico; avete comprato la sera prima il vostro abbonamento bigiornaliero, la mattina vi alzate e fuori c'è bufera, fa un freddo bestia e nevica. La situazione non invoglia a uscire, ma avendo già speso i soldi del biglietto, che fate? Vi alzate e andate a sciare, oppure rimanete in albergo al caldo? Ora considera il medesimo scenario, ma l'abbonamento degli impianti era in omaggio. Che fate, vi alzate e andate a sciare, oppure rimanete al caldo?

8. Avete deciso di tentare la fortuna e partecipate a un'estrazione a premi; avete a disposizione due urne dalle quali dovete estrarre una pallina rossa per vincere un premio: la prima urna contiene uno pallina rossa su 10. La seconda urna contiene otto palline rosse su 100.
Da quale urna scegliete di estrarre la pallina?

9. Primo scenario. Concorso a premi: avete vinto 1.000 euro, ora dovete scegliere tra due opzioni:
A. Incassare altri 500 euro certi.
B. Lanciare una moneta; se esce testa incassate altri 1.000 euro, se esce croce non vincete niente.
Quale opzioni scegliete?
Secondo scenario: Sempre allo stesso concorso avete vinto 2.000 euro, ora dovete scegliere tra due opzioni:
A. Perdere 500 euro certi.
B. Lanciare una moneta; se esce testa perdete 1.000 euro, se esce croce non perdete niente.
Quale opzione scegliete?

10. Immaginate tre investitori in un periodo di ribasso dei mercati:
A. Marco: dopo un'analisi personale della situazione, ha venduto buona parte di azioni per acquistare obbligazioni.
B. Lorenzo: anche lui ha venduto buona parte di azioni per acquistare obbligazioni, ma ha seguito i consigli del proprio consulente finanziario.
C. Luca: ha sempre avuto un portafoglio obbligazionario; alla scadenza di alcune tranches aveva pensato di investire la somma in

azioni per sfruttare un'eventuale ripresa dei mercati. Alla fine, però, ricompra altre obbligazioni.
Successivamente il mercato azionario effettivamente esegue un corposo movimento al rialzo, dando ragione a chi avesse optato per questa scelta; non è il caso, però, di questi tre investitori.
Dei tre, chi ritenete che sia il più dispiaciuto?

Soluzioni

1. Se avete pensato di confessare, avete sbagliato i conti perché la soluzione più conveniente è quella di non confessare: infatti se nessuno dei due confessa vi beccate solo due anni di galera a testa. Se confessate entrambi, vi beccate cinque anni a testa. Il pericolo di non confessare, però, è dato dal fatto che, se l'altro confessa e voi no, lui è libero e voi vi beccate vent'anni. In un mondo in cui le persone sono disposte a collaborare tra loro, l'opzione collaborativa della doppia non confessione porta al minor danno. Purtroppo, non sempre si verifica l'opzione più conveniente.

2. Se avete risposto 10 euro, la risposta è sbagliata, ma siete insieme alla maggioranza. La risposta esatta, però, è cinque euro.

3. Qui la maggior parte risponde 24, ma se avete risposto riflettendo avrete detto 47, ed è la risposta corretta.

4. Se avete risposto d'impeto avrete detto 100, ma la risposta esatta è cinque.

5. Se non comprereste il biglietto nel primo e nel secondo caso, o avete proprio il braccino corto, oppure non ve ne fregava niente della partita. La maggior parte delle persone, invece, comprerebbe il biglietto nel secondo caso, ma non lo ricomprerebbe nel primo. Se invece, in entrambi i casi andate a vedere la partita, o siete tifosi sfegatati oppure avete capito che vi siete impoveriti di 100 euro in entrambi i casi; e che non è razionale prendere decisioni diametralmente opposte.

6. Se avete risposto 50% azionario e 50% obbligazionario, non essendo questa una ripartizione dell'investimento in funzione della vostra propensione al rischio, siete nella media, ma il vero test riguardava il passo successivo. Infatti, con tre alternative a disposizione, correttamente avreste dovuto rispondere 50% fondo obbligazionario e 25% nei due fondi azionari, per mantenervi coerenti con la scelta precedente. Se invece avete risposto come risponderebbe la massa, allora avrete risposto 33% fondo obbligazionario, 33% fondo azionario e 33% altro fondo azionario, ma così facendo avete allocato il 66% in azionario e solo il 33% in obbligazionario, rispetto al 50/50 della risposta precedente. E sarebbe meglio che vi affidaste a un consulente per le vostre scelte finanziarie.

7. Se vi alzate e andate a sciare nel primo caso e non nel secondo, siete vittima della trappola psicologica dei costi sommersi, quindi non riuscite ad accettare di averli già spesi e non volete buttarli via. Insomma, siete come quelli che sono in stazione, hanno già comprato il biglietto e incontrano un amico che offre loro un passaggio in macchina che farebbe risparmiare tempo, ma decidono di prendere il treno perché ormai hanno già speso i soldi del viaggio; oppure, molto più semplicemente, siete come quelli che restano seduti al cinema durante un brutto film, solo perché hanno pagato il biglietto. Non siete proprio fessi, ma nemmeno tanto normali. Se invece, in entrambi i casi, restate a letto pensando alla Mignetti, avete buone chances per candidarvi come consigliere regionale per il Pdl. Se restate a letto perché ve lo chiede il vostro amico, vuol dire che siete amici di Nichi Vendola. Se invece vi alzate e andate a sciare, in entrambi i casi siete malati come il fratello di Lorenzo (lo scrivente) e neanche la Mignetti vi tratterrebbe sotto le lenzuola.

8. Se, come la maggioranza delle persone, scegliete l'urna numero due avete qualcosa da imparare sul calcolo delle probabilità e avete scelto la risposta errata. Infatti le probabilità maggiori le avete nel primo caso.

9. In entrambi gli scenari l'opzione A) vi lascerebbe 1.500 euro di vincita, mentre nell'opzione B) avreste la possibilità di realizzare 2.000 euro oppure 1.000. Se, come la maggioranza delle persone avete scelto A) nel primo scenario, e B) nel secondo scenario, significa che preferite assumervi rischi maggiori per evitare una perdita, rispetto a quanti ve ne accollereste per assicurarvi un guadagno.

10. Se avete risposto "Marco" avete fatto bene, e siete in linea con la maggior parte degli intervistati: infatti Marco è il solo responsabile della sua decisione. Lorenzo è meno dispiaciuto, perché può dare la colpa al proprio consulente finanziario, anche se la scelta finale è comunque sua. Luca è certamente il meno dispiaciuto, perché ha sempre investito in obbligazioni e dunque, nella sua mente, la scelta non viene elaborata come un errore ma semplicemente come una mancata occasione. Infatti, l'intensità del dispiacere che proviamo è maggiore quando chi lo commette si sente pienamente responsabile dell'azione commessa. La scelta fatta in prima persona registra il massimo del dispiacere. Il dispiacere è minore se l'errore viene commesso a causa di un suggerimento di una persona ritenuta esperta. Se l'errore viene commesso per motivi che sono al di fuori dal nostro controllo, il dispiacere è ancora minore, mentre la mancata opportunità viene vissuta con un basso livello di dispiacere.

PS: e ora siete pronti per andare nel mondo con la speranza (piccola, visti i tempi) che una mutanda di ghisa, ogni tanto, vi salverà.

FONTI

Questo non è, e non può essere, un testo di alta specializzazione e scienza infusa. E infatti, come sapete bene, non l'ha scritto una coppia di premi Nobel. Le riflessioni che contiene non sono frutto di interminabili sfacchinate nelle biblioteche di Harvard o alla Sormani, ma solo il succo di tante riflessioni quotidiane, spesso raccolte dai giornali come si fa con le briciole dal tavolo. Se avete a cuore la vostra testa, però, informatevi sempre: non sarà mai tempo perso, per voi e per i vostri figli.
Quando si tratta di cose che si acquistano, i siti delle associazioni dei consumatori potranno esservi utili. Per tenere d'occhio le pagelle sui debiti del nostro e degli altri paesi, non dimenticate un bookmark su *www.standardandpoors.com/-ratings/sovereigns/ratings-list* (è lungo una quaresima, ma vale la pena, almeno fin quando esisteranno le agenzie di rating. E i paesi...). Non dimenticate di fare visita a *www.ilsole24ore.com*, a *www.consob.it*, a *www.morningstar.it* e a *www.pattichiari.it* (sperando che resista, perché essendo l'unico tentativo di trasparenza fatto dalle banche in questi anni, a qualcuno è già venuto in mente di spegnerlo). A noi ha fatto comodo anche cliccare su *www.corriere.it*, *www.lastampa.it* e *www.43zero58.com*, un sito che abbiamo scoperto e che nel suo settore – la qualità alimentare, visto che *mala cibus currunt* – è molto informato (e non se la tira). Inps, Borsa Italiana, Agenzia delle Entrate, Banca d'Italia, ormai, hanno portali web dove si possono trovare informazioni necessarie per il presente e il futuro, obiettivamente sempre più incerto.
Guardatevi anche qualche telegiornale, ogni tanto (ce n'è uno niente male, ma scatta il conflitto d'interessi e non si può dire quale) e, per tutto quanto attiene alla vostra vita, fate in modo che siano le persone oneste al di sopra di ogni sospetto, e oltre ogni ragionevole dubbio, a consigliarvi. I migliori, in genere, sono quelli che non hanno collezionato avvisi di garanzia come fossero francobolli.
Infine, vi diamo alcune dritte bibliografiche per approfondire i temi trattati in questo libro. Lo consideriamo un ringraziamento agli autori per averci dato ispirazione e conoscenza. Speriamo possa essere così anche per voi.

Ariely D., *Prevedibilmente irrazionale*, 2008, Rizzoli
Canfield J., *I princìpi del successo*, 2009, Gribaudi
Linciano N., *Quaderni di Finanza*, 2010, Consob
Motterlini M., *Economia emotiva*, 2006, Rizzoli
Re R., *Leader di te stesso*, 2004, Mondadori
Re. R./Marconi L., *Consulente di successo* (*www.leadernellacrisi.com*)
Rubaltelli E., *Psicologia dei mercati finanziari*, 2003, Università di Modena e Reggio Emilia
Sutherland S., *Irrazionalità*, 2010, Lindau
Thaler R.H./Sunstein C.R., *La spinta gentile*, 2009, Feltrinelli
Tvede L., *Psicologia della finanza*, 2001, Etas

Indice analitico

Grazie all'anonimo geniale che, pennellando con tenera rabbia su un muro la frase della foto di Niccolò (in quarta di copertina), ci ha risolto con un colpo di fulmine il complesso della pagina bianca.
È anche per merito suo se Marco ringrazia Lorenzo e Lorenzo ringrazia Marco per averci creduto ancora una volta. E se Marco e Lorenzo ringraziano Rossella e Luca per averci creduto per la terza volta, e Marina perché l'ha fatto per la prima.
Grazie, infine, a chi è arrivato a questa riga: significa che ha deciso di credere anche lui. In che cosa non è chiarissimo, ma ci stiamo ragionando.

La storia continua su:
www.vaffanbanka.it

Finito di stampare nel mese di marzo 2011 presso
Nuovo Istituto Italiano d'Arti Grafiche - Bergamo
Printed in Italy